エドガー・ケイシーの

「調律」健康法

福田高規
Fukuda Takanori

たま出版

まえがきに代えて

「ハイ！　エドガー・ケイシー屋さんの福田高規です」

このように、私が、皆さんに自分を紹介するときには、「エドガー・ケイシー屋さん」とか、「意識屋さん」とか、「調律屋さん」と申し上げている。

一九五〇年代。「カイシーの霊告」と言って、初めて、エドガー・ケイシーのリーディングが日本に紹介された時から、今日までずっと、そのリーディングを日常の生活の中で体験し、その体験を、皆さんの生活にお役に立てるようにするのを目的にして生きている。

いつも、不思議に思っていることは、人々が、自分がどんな存在であり、どうして、こうして生きているのかを知らないで、人生をやっているということ。

実は、私たちは皆、意識の奥では、自分はどういう存在であり、この今、どうして、こうして生活しているのかをよく知っている。

ところが、私たちはみんなで、お互いに、人間とは何かということを知らないで生活するという選択をしているので、それぞれの人が、自分とは何かを知らないで、それぞれの人生を体験している。

古今東西の聖者の方々は、沢山の言葉を使って、私たちに、人間の真実を伝えている。祝詞《のりと》、経典、聖書などが、その言葉である。

また、私たち自身が、日々、自分が考える時も、周りの人や世界中の人々とも、言葉を通して連絡しているし、私たちの心身は、真実の自分自身と言葉を通して連絡を取り合って生きている。

そこで、毎日、皆さんの人生相談、健康相談、夢相談をしている私からの提案。

人々が、常日頃の自分の言葉、特に、「これから自分が体験する目的」を言葉でハッキリさせ、自分が考える時の言葉も、自分自身の肉体の感覚を通して活かして生活したら、人間とは、生きているとは、考えるという言葉の働きとは、健康な生活とは、それに、夢という現象とは何かが見えてくる。

一九八四年に『エドガー・ケイシーの人生を変える健康法』という本を世に出したとき、『エドガー・ケイシーのキリストの秘密』の著者で、明治学院大学の神学の教授であられたR・H・ドラモンド先生からお褒めをいただき、これからは、「調律法」についての体験を積まれるようにと、励ましのお言葉もいただいた。

有難いことに、その場で、先生自らが「生命の働きへの信頼感」を表現されて、その「調律法」を教えてくださった。

一般に使われている「調律」という言葉の働きを、身近な例で説明すると、「弦楽器の弦の音程を調整するのを目的にして、一つの弦の音程（目的）を、音叉の波動に合わせて調律する（目的）働き」

一つの弦（目的）が調律されたら、その他の弦の調律（目的）は、すでに調律された弦の音程で調律することができる。

この調律の働きは、こうして生きている人間どうしの調律でも同じ。

私たち「人間の調律」とは、調律する目的を、言葉でハッキリさせ、自分の右脳と左脳の間の脳梁（音叉）で、「信頼感」を感じ、その「信頼感の感じ」が、感謝のリズムに乗って、蝶形骨（左右の眼球を支えている骨）を通して、前頭骨（額）から大宇宙に広がって行くのを観じる体験。

言葉にすると、「やれやれ」なのだが、単に慣れ。調律する目的を、言葉でハッキリさせ、自分の心身が、信頼感のリズムの通り道（音叉・響き）になる。それだけ。

これが身につくと、こうして存在し、生活している自分自身とは何かに気がつく。

解りやすい例で説明する。

周りの人々に、自分が気に入っている歌を聴かせて、喜んでいただきたいと、目的をハッキリさせたら、その好きな歌の出だしを、手拍子（リズム）で、「喜んで歌いだす感じ」。歌う人（音叉）は、脊柱を伸ばし、顎を浮かして遠くを見、首をくねくねさせて伸ばし、肩や腰を柔らかく揺らして、自分の歌（コトバ）をリズムに乗せる。

そのリズムに、聴衆（目的）を乗せて、自分の頭の中心から歌い始める。それとそっくり。

この時、私たちは、自分の心身を緩め、「自分の肉体（音叉）を、喜び（目的）の通り道にして」、目的の聴衆を、「自分の喜びのリズム（存在感）で調律している」。

自分が歌うことについて考えるのではなく、歌を、自分の全身で感じるのが調律。

そこで、「調律のとても大切なこと」。自分（音叉）が、歌を聴いていただいている方々（目的）を、何とかして喜ばせようとはしない。

歌う人は、目的を「聴く人の喜び」にする。そして、自分自身（音叉）が歌う喜び（リズム）を感じて、その自分の喜びの観じ（一体感のヒロガリ）に、自分が感動して喜ぶ。

「自分が喜ぶ」のが調律。

そこで、「信頼感」の場合。目的をハッキリさせたら、自分の「信頼感」というコトバを、自分の全身でリズムに乗せ、感動し、感謝する。これが「信頼感の調律」。

私たちが目的をハッキリさせて、ヤッテル、ヤッテル、あるいは、さあヤッテヤロと、首を伸ばし、顎を浮かして遠くを見て、時空のヒロガリを観じているとき、「信頼感」が、私たちの脊柱を緩めて伸ばし、脳梁（音叉）を通して、自分と目的を「信頼感」に調律してくれる。

そこで、すぐにアリガトと、頚椎（首の骨）を伸ばして感謝する。

こうして、「信頼感に調律する」とは、目的をハッキリさせて、「信頼している」というコトバをリズムに乗せ、その時の体のリズムと緩みを、「どんな感じかな…」と観じ、積極的に顎を浮かし、頚椎を伸ばして、「信頼感」が、自分の心身を通過して行くのを観じたら、すぐに頚椎で感謝するという喜びの感動。自分の胸が信頼感で広がる体験。

「調律健康法」のコツは、目的をハッキリさせて、顎を浮かし、上部胸椎（左右の肩甲骨の間）に緩みを感じて、アッタカイナーとか、オモシロイねと、両肩をユラユラとリズムに乗って動かし、その両肩の緩みを、全身のリズムで、ヒロガリと観じる体験。

実は、赤ちゃんを寝かしつける時の子守歌と、眠ってくれた赤ちゃんから自分の手を離す時のしぐさは、ヒロガリ・リズム・呼吸・緩み・やさしさ・忍耐・支え続けるなど、安心・安全の感じを、静けさと一緒に観じる「生命の働きへの信頼感」の調律法。

子守歌が、まず、ねんねんころりよ…坊やはよい子だ、とか、眠れよい子よ…と歌い始めるのは、自分の目的を「眠り」と「よい子」とハッキリさせている。…あの山越えて里へ行った…とか、…庭や、牧場に…などが、自分（音叉）が感じているヒロガリ。

そして、やっと寝てくれたと、静かに、静かに・・・手を離していく、あのヒロガリの感じ。

「これこそ調律。」自分が信頼感と感謝の通り道になりきる感動の調律体験。

私の「光の指圧」も、マッサージも同じ。自分の肉体で緩みを感じながら自分を調律する。そして最後に、静かに、静かに手を離していく。その静かな、ワクワクするヒロガリと緩みの感じが、間違いなく、目的にした「人々のコリ」を緩める。

調律は、物理的なことではない。自分自身を調律すること。
調律は、精神的なことではない。自分の肉体を音叉にすること。
調律指圧は、圧すのではない。自分の肉体が、ヒロガリを感じること。
調律マッサージは、緩めるのではない。自分の肉体が緩みを感じること。

調律法は、信頼するのではない。自分の肉体が信頼感を感じること。
調律法は、許すのではない。自分の肉体が許しを感じること。
調律法は、祝福するのではない。自分の肉体が祝福を感じること。
調律法は、幸福になろうとするのではない。自分の肉体が幸福を感じること。
調律法は、豊かになろうとするのではない。自分の肉体が豊かさを感じること。

慣れてしまえば、調律は、誰にでもすぐできる。とても簡単。そして安全。私は、毎日、皆さんとともども、「調律の見事な働き」には、ビックリさせられている。

私は「調律体験」を目的にして生活し、調律の道を歩き通してきた。今では、自分自身が「信頼感」を感じる音叉になり切って（全托）、皆さん（目的）を「信頼感と感謝」で調律しながら、大宇宙の働きのお役に立っている「調律屋さん」。

こうして、皆さんが、自分の目的（世界中の人々）をハッキリさせて、ご自分を調律する選択を体験すると、その信頼感と感謝のリズムが、時空を超え、世界中の人々を調律している（目的）という選択と、その具体的な体験となる。

本書では、「人間とは何か」という大切なことを、多くの方々が、馴染みではない言葉で説明する。そこで、皆さんのご理解をいただくために、同じことを何度も繰り返してお伝えしている。

また、その言葉についても。例えば、私たちが、宇宙と言う時は、普通、三次元の物質宇宙を意味している。ところが、この本で、私が大宇宙と言う時には、三次元の時間と空間を超えた、私たちみんなの意識のヒロガリ（一体感）の働きの説明をしているので、宇宙という言葉の前に「大」を付けて、大宇宙と表現する。

さらに、これからお伝えする分かりにくい言葉についても、充分に注意して、このように、いちいち説明させていただくが、皆さんに、微妙なところをご理解いただきたいために、カタカナ言葉や、カッコを多用し、さらに、句読点をたくさんつけて、お伝えしたいことを分かりやすく説明する。

また、この本の中で、頚椎の2番とか、腰椎の4番とか言って、人体の部位を解剖学の言葉で表しているが、「私たちの生命・意識」は、「知恵と慈しみの、活き活きした、私たちみんなのこれからの体験を造る働き」なので、私たちが自分のコトバで、これからの目的をハッキリさせると、私たちの「信頼感」を通して、きちんと、間違いなく働く。

例えば、体操の時など、「頚椎の1番を左右に動かす（目的）」と、コトバで、目的をハッキリさせて、全身の緩みを感じながら、体を、尾椎と仙骨で、リズムに乗って、左右にユラユラと動かすと、頚椎の1番が左右に動き、その動きのリズムが全身を調律してくれる。

そこで、そのリズムの動きの働きについても、あれこれと考えない。すぐに、頚椎を伸ばしてアリガトと「感謝を感じる」。すると、この「頚椎を伸ばした感謝の観じ」も、一緒になって仕事をし、目的の頚椎の1番の動きを見事に調律してくれる。オモシロイ。

一般的には考えられていないが、このように、人体の脊柱は、「生命・意識の信頼感の働きと、私たちの感謝の通り道」なので、いつも、自分の脊柱の緩みと動きを感じて、感謝しながら生活するのが、調律法を活用した健康法。

人々は気がついていないが、私たちは、喜びも、悲しみも、怖れも、自分の脊柱の動きを通して感じながら生活している。

◎もくじ

第1章　知恵と慈しみの働き

エドガー・ケイシー（一八七七―一九四五）のリーディングを紹介するのは、なかなか難しい。ごく簡単に、ケイシーのリーディングとは何か、という事実からお伝えすると、次のようになる。

ケイシーは、一八九一年の春から一九四四年の秋まで、人々の人生の諸問題に関する質問を目的にして眠り、一人ひとりの、それぞれの質問に対応する夢をみた。その夢は、私たちが、「人間とは何か」に気づくのに、非常に貴重な回答になっている。

――リーディングとは読むということ

ケイシーは、過去の人生で、とてつもない肉体の苦しみを体験した。その時、自分の肉体からメンタル体と魂体を分離する選択をして成功したのだ。その記憶が潜在意識の中にある。

そこで、エドガー・ケイシーとしての人生では、自分が、困っている人々のお役に立ちたくて、それぞれの人の、それぞれの質問を目的にし、自分の肉体からメンタル体と魂体を分離して、一時的に、死の体験をすることができた。

ケイシーは、質問者が、何を聞きたいのかと、目的をハッキリさせて眠り、夢をみる。暗いトンネルを飛ぶように通過して行くと、遠くに光が見える。一気に光の中に入る。

高いところにある人間の記憶・記録の図書館みたいなところに、そこの館長が待っていてくれて、「We have the body here」と言って、質問者の過去の記録がコトバになっている本を開く。

そして、その時の質問者のお役に立つページの該当する文章を、声を出して読むように言う。それを、ケイシーが、声を出して、ゆっくりと読んだ。それがリーディング。

その数、一万四千二五六件。速記者によって記録されていて、エドガー・ケイシー財団に、保冷して保管されている。

また、全てのリーディングには、ナンバーがつけられていて、コンピューター上で公開されている。

意識について

今、こうして、肉体を体験している私たちの意識は、起きているときは顕在意識（メンタル体）で生活し、眠ると、潜在意識（魂体）という、顕在意識の体験を全部永遠に記憶している記録の意識と交代する。眠りから覚めると、また顕在意識で生活する。

面白いことに、私たちの体験の記憶は、言語に変換されて、潜在意識に記録される。

今、ここにある大宇宙の全ての存在は、言語が意味している「コトバの波動の働き」。

私たち一人ひとりの潜在意識（魂体）は、永遠を生きて、こうして存在している大宇宙のコトバの波動の働きによる生成発展のお役に立つ体験をしている。

そのために、人間は、大宇宙の存在の波動の働きの一部を請け負って、三次元の物質宇宙の地球上で肉体を持ち、時間と空間の中でしか体験できない、自分が言葉で選択した、自分らしい大宇宙の生成発展にお役に立つ人生体験を何度も繰り返して、その貴重な体験の全部を記憶・記録している。

肉体（Physical body）の死は、魂体（Soul body・潜在意識）が肉体に戻るのを止めた状態。

死とは、自分の魂体が、生まれる前に選択していた地球上での必要な体験を終えて、物質宇宙で着ていた、生命・意識の働きと連動する様々な装置が付いている肉体と、メンタル体（Mental Body・顕在意識）という、自分の言葉による波動の働きで、これからの自分の体験を選択し、その自分の選択を、地上で具体的に体験するために着ていた宇宙服を脱ぐようなもの。

当然、この今の私たちの体験も、永遠に記録される。

永遠の記録ということは、私たち一人ひとりの全部の記録・記憶が、この今の永遠・無限のヒロガリの中に、波動の働きとして失われることなくあるということ。

そこで、過去に、私たちが選択した体験の記録・記憶の全部は、顕在意識では感知されないが、潜在意識として、この今、ここにある。これこそ、私が、いつも体験している一体感（ヒロガリ）という調律の働きの基（存在感）。

私たちは、自分のメンタル体（顕在意識）で、私たちみんなの、これからの体験（目的）をハッキリさせ、五感で、三次元の今を感じている肉体を使って行動し、その行動の体験を全部、記憶・記録する。

私たち一人ひとりの魂体（潜在意識）という、永遠を生きている記憶の働きは、私たちの行動の体験の全部を、言葉に変換して永遠に記録する。当然、その記録は時間と空間を超えて、この今、ここにある。

ということは、私たち一人ひとりは、意識の奥で一つになっている「一つの存在」。

ケイシーは、依頼された一人ひとりの記録を読み取り（リーディング）、その全てが記録され、今日では、一般に公開されている。

そのリーディングで、「霊体（spiritual body）」と言われる意識は、大宇宙の存在そのものの意識なので、「超意識」と言う。この意識は、全てを包含している「統一体」。「絶対の存在」。「一つ」。「生命（知恵と慈しみの働き）そのもの」。

ということは、生命（知恵と慈しみの働き）は、私たち一人ひとりの安心、安全、元気イッパイを駆動している、私たちみんなの「理想（最高の存在）」。

本書では、この「生命の働き」を、「知恵と慈しみの、私たちみんなのこれからの体験を造る、活き活きした調律の働き」と表現している。

また、この今も、活き活きと働いている「生命の知恵と慈しみの調律の働き」を、簡単にして言う時には、鍵カッコをつけて、「今」とか、「今の働き」と言う。

それぞれの意識は、協調し、協力して働くために、信号で、密接な連絡を取り合って、お互いのお役に立っている。

これは、肉体も同じ。人体を構成している、一つひとつの細胞には、それぞれの意識があり、お互いに、お互いのお役に立つように働いている。

細胞が集まって組織になると、組織の意識があり、組織が集まって器官になると、器官の意識があり、器官が集まって器官系になると、器官系の意識があり、それらが集まって、私たち一人ひとりの人体の意識になる。

全ての細胞、全ての組織の意識は、お互いに協調し、協力し合って働く。

それらの連絡用の信号は、「コトバ」。

それぞれの組織の意識が、「総てなので、一つとして展開して働いている生命・意識（生命・霊体・超意識・私たちの理想）」を介して、お互いが、それぞれにお役に立つために、連絡を取り合って、協調・協力の働きをするのは、「コトバ」なのだ。

その「コトバ」を、漢字で「言葉」と書くと、言語を介して連絡を取りあっているような感じがある。

私たち人間の言葉は、発音したり、文字（記号）にしたり、様々な信号にして、お互いに、言語で連絡し合うもの。

ところが、大宇宙に働きかけるコトバは、誰でも、自分のメンタル体で、意図的に選択したコトバを、肉体の動きや、その働きを通して意識するだけで、全宇宙に展開して働いている「総てなので一つ」の「生命・意識（超意識）」が、一瞬で、時空を超えて働き、これからの、私たちみんなの体験になる現象。

そこで、この本では、生命・意識の様々な連絡とその体験の働きを、片仮名で、コトバと表現する。

私たち人間は、この今、物質宇宙という時間と空間の働きの世界に、肉体を持って、自分のメンタル体で選択したコトバを、自分の肉体を通して、具体的な体験にし、それを永遠に記憶・記録している存在。

コトバは、単に、連絡用の言語ではなく、世界中の人々の肉体、メンタル体、魂体を瞬時に働かせ、それらが、一瞬で、それぞれの目的の体験をする働き。

それを、「調律する」と言う。

――コトバは、時間と空間を超えた働き（一体感・ヒロガリ）

人間として生活している私たちが、これから、地上で体験したいことは、あらかじめ、コトバで、ハッキリした目的にして、肉体を通して、「生命・意識（超意識）」に伝えておけばよい。

すると、「生命・意識（知恵と慈しみの働き）」は、ハッキリした目的を体験する私たち人間の肉体や、メンタル体や、目的の出来事に、即座に働いてくれる。

そこで、私たちも、すぐに、コトバで「アリガト」と、肉体を通して感謝すれば、時空を超えて働いている霊体や、魂体たちとの、協調・協力の人生が、スムーズに展開する。

当然、時間と、空間と、そのヒロガリの体験を選択している私たちのメンタル体と肉体が、私たちのコトバによる選択を実際に体験するには、時間と空間の影響を受ける。

これを、「忍耐の体験」と言う。

そこで、私たちの魂体は、繰り返し、繰り返して、地球上で肉体を持って「時間・空間・忍耐」と言われる貴重な体験を選択し、それを全部、記憶・記録して、大宇宙の発展の活き活きとした体験に寄与している存在。

私たちのコトバは、「生命・意識」との会話である。そのコトバは、時空を超えて、古今東西の人々にも影響して働き、その全部が記憶・記録され、その記録・記憶は、過去、現在、そして未来の自分を含めて、みんなで、お互いに活用することができる。

私たちは、このままで、一人ひとり誰でもが、大宇宙の存在の働きの進化・発展のお役に立っている貴重な存在として、「みんなで一緒の働き」を生きている。

私たちは、「みんなで一つの働き（愛）」という存在。

私たちが、目的をハッキリさせて、お互いに協調し、協力して働くには、了解とか、完了というコトバで連絡を取り合うのは当然。そして、お互いの協力に感謝し合うのは、安心、安全、元気イッパイという、協調・調律の祝福、感謝、感動の合図。

全ては、「一つ」の「生命の知恵と慈しみの働き」であり、世界中の人々は、誰でもみんなが、みんなで、「自分」という、同じ「一つ」の「生命・意識」を生きている。

その「一つの自分」の中で、それぞれの人の、肉体、メンタル体、魂体が、それぞれに、コトバで連絡を取り合って、「今」のコトバの働きを、みんなで体験する。これが人生。

その総ての働きの体験を統合して存在している「今」のコトバの創造する働きそのものが「霊体（超意識、私たちみんなの理想の存在）」という「今の働き」。

ということは、私たちの肉体、メンタル体、魂体は、「今の働き（霊体）」を信頼し、その「通り道」となって、生命・意識のコトバの造る働きを活発に体験し、その体験の全部を、コトバで、潜在意識に記録・記憶する仕事をしている。

こうして、私たちはみんな、誰でもが、時空を超えて働いている「今（永遠・無限）」という創造力（コトバ）の体験者として、生命・意識の働き（「今」のヒロガリ）のお役に立っている。

私たち人間は、「今」のコトバの働きへの「信頼感」を、いつも、「どんな感じかな…」と、肉体を通して、「今の働き」と一緒に観じるという喜びの体験をしている。

私たちの肉体は「今の働き（信頼感）の通り道」。

その「今と一緒に観じる喜びの体験」を「今の働きへの信頼感に調律する」と言う。

それは、私たちの生き甲斐。これが、私たち一人ひとりの「霊的な理想の働き」の体験。

そこで、すぐに、自分の肉体を通して働いている「今の働き」に感謝する。

この調律の働きを、私は、脳梁（音叉）から蝶形骨を通して、光のヒロガリ（一体感）と感じている。

これは、私たち一人ひとりが、「今の働き」と一緒に、過去、現在、未来の人々のお役に立っている光のヒロガリの具体的な調律体験。私たちみんなの心身の健康。

一方、私たち人間には、利己主義という働きがある。これは、自分を含めて「人を非難する、人を批判する、人を疑う、人を否定する」という選択で、「信頼感」の働きの流れに逆らうもの。自分の考えで、善悪正邪にこだわる。また、自分の好き嫌いにこだわるのも、これである。

これらは、私たちが、地上で肉体を持って、「信頼感（光の働き）」に調律するのを具体的に体験するためには、「調律されていない状態（闇）」の体験が必要なだけのもの。

日々の、それらの体験にはこだわらないこと。

それらは、私たちが、自分を、生命・意識の働きへの「信頼感に調律」して、その輝かしい調律（光）の体験を、積極的にオモシロガルために必要な闇（調律されていない状況）。

私たちの心身の凝《こ》りやストレスの全部は、今生で「信頼感」を観じるためのチャンス。

また、私たちが、何かにこだわり続けるということは、そのこだわりを、これからもズウーッと体験し続ける選択をしていることになる。

肉体の凝りも、まさに、こだわりの一つの体験。その凝りに対する対応をオモシロガッテ（存在感）、その「オモシロイね」という自分の心身の緩み（ヒロガリ）を感じて、現実に感じている凝りにこだわらなければ、凝りは消える。

私たちが「何かにコダワル」とは、その「何かを、自分が選択し続けている」ということ。この地上のどなたかの肉体の凝りも、それを、私たちのハッキリした目的にして、私たちが、私たちの肉体のどこかで、緩みを静かに感じて、すぐに感謝すると調律される。すこぶる簡単。この体験は、私たちのとても貴重な「喜びの体験」。

パッと説明すれば、私たちが目的をハッキリさせたら、どなたかが、自分で、積極的に体験するゆらぎ、許し、緩み、喜び（笑顔）、感謝・感動の体験は、私たちみんなの魂体、メンタル体、肉体が同時に体験する「信頼感」。この「信頼感」が目的を調律する。

心身の緩みの感じ方（調律の仕方）はいくらでもある。

例えば、自分の肉体のどこかに凝りがあったら、その凝りを目的にして、凝りが緩む方向に静かに動かして、その凝りが緩んだら、骨盤を緩む方向に静かに動かして、骨盤が緩んだら、肩関節を緩め、両肩でリズムに乗ってオモシロガル（存在感）。

そしてすぐに、顎を浮かし、頚椎を伸ばして感謝のヒロガリを感じる。アリガト。

こうして、「自分の心身が、緩みと、感謝を体験した」ので、凝り（闇）は消える。

これは、たくさんある凝りに対応する調律法の一つ。自分の肉体の動きを、「どんな感じかな…」と、肉体の緩みを静かに観じ、「今」と一緒に、オモシロイね（笑顔）と喜んで、「信頼感を、緩みとして感じる調律法」。すぐに、顎を浮かし、頚椎を伸ばして、「今の働き」に感謝する。アリガト。私たちは、誰でもが、これで、世界中の人々の心身を調律することができる。

この繰り返しが、「忍耐」、あるいは「愛」と言われている、私たちの日々の調律体験。

私たちは、この今、みんなで、同じ一つの生命、同じ一つの意識を生きている「一つの存在」。

そこで、私たちの誰かが、自分の体の生理的なコリをとりたいと言っている時、その方の肉体の凝りを目的にしたら、音叉役は、当の本人でもよいが、別の方でも大丈夫。どなたかが、目的を、「その人の凝り」とハッキリさせて、ご自分の肉体の緩みを感じると、目的の人の凝りは調律される。これが「愛の体験」。

「調律」という立場に立って、凝り（困難）を見ると、単に、「凝り（困難）」という目的をハッキリさせて、世界中の人たちのどなたかが、ご自分の肉体で緩みを感じる愛の体験。

人々は、「目的をハッキリさせた調律」という生き方を知らないので、「調律」という、「世界中の人たちは、みんなで一緒の存在（一体感・ヒロガリ）愛」という体験をしていない。

こだわりや、凝りをナントカシヨウとはしない。私たちのこだわりから来た肉体の凝りは、「今」によって、私たちが、自分のメンタル体と肉体が「信頼感の通り道になる」体験（調律）や、「全ては一つであるという一体感（ヒロガリ）」の愛の体験を促されているだけ。

私の調律という仕事は、どなたかの凝り（闇）を目的にして、自分の蝶形骨で呼吸し、脳梁を通して、信頼感の光輝く働き（ヒロガリ）を感じ、頚椎を伸ばして感謝するという選択と、その体験。

例えば、私が、「どなたかの右肩の凝り」と、「目的をハッキリさせ」、自分の肉体で信頼感の働きを体験したら、すぐに、顎を浮かし、頚椎を伸ばして、信頼感の働きに「アリガトと感謝する」。すると、目的にした人の右肩の凝り（闇）は消える。

どうぞ、真似してやってみてね。オモシロイ（存在感）よ。

このように、目的をハッキリさせたら、「輝き」、「緩み」、「ヒロガリ」、「許し」、「お役に立っている」、「信頼感」などのコトバのどれかを、自分が、自分の肉体（音叉）を通して感じ、その感じを、「今の働き」と一緒に、静かに観じる体験が「調律」。

ある人の凝り（目的）を、自分がナントカシテとるのは調律ではない。その人の凝りを目的にしたら、「今の働き」への「自分の信頼感」を、自分の肉体で静かに観じるのが調律。静かにとは、「何も考えないで」ということ。

その人のコリは、私たちの「今の働き」への信頼感が消してくれる。

また、ある人のいやなところを目的にして、その人を何とかするのは調律ではない。その人の良いところを観て、自分の喜びのコトバ（オモシロイね）を選択し、その「自分の喜びのコトバそのもの」を自分の肉体で感じる。その肉体の喜びの感じ（笑顔）を、「今」と一緒に、静かに観じて、「今の働き」への自分の「信頼感」に感謝・感動する体験。これが調律。

第2章　コトバは仕事をする

まず、本書の中で、繰り返して、使われているコトバについての概略を説明する。

――「今」のヒロガリ

これから、何度も繰り返すが、私は、「総ては一つ」の「時間と空間と、その働き」と理解し、その働きを「今」と呼んで、その「今の働き」を、自分の「霊的な理想の働き」として生活している。

「時間と空間と、その働き」は、総てなので「一つ」の「ヒロガリの働き」。

そこで、私は、まず、その「一つの働き」の感じを「今」と一緒に観じて、自分の肉体とメンタル体（顕在意識）を通して「今」を体験して感謝し、自分自身を「今の働き」に調律する。

こうして、「今の働き」を、自分の肉体という音叉で感じ、その時々に、自分が選択した目的を、「今の働き」に調律して感謝する仕事をしている。

目的を調律するのは、私が、自分の肉体（音叉）を通して、「信頼感」を「どんな感じかな…」

と、「今」と一緒に観じている「一体感（ヒロガリ）」の働きであって、私ではない。「観じる」とは、自分の肉体の感じを、考えないで、静かに感じること。

「今」は、私たちの「存在の根源」。私たちの「霊的な理想」。私が「オモシロイね（心の理想）」と言う「喜び（肉体の理想）の感じ」。

その「一体感の働き」を、自分の肉体を通して感じる方法は幾つもある。その一つが、「今」の存在の「喜び」を肉体で感じるという方法。頭で考えない。肉体で感じる。

目的をハッキリさせたら、まず、「喜び」で、自分の尾椎を振動させる。すると、その「喜びの波動」が、私の脊柱を一気に駆け登り、両肩を震わせて頚椎を伸ばし、両眼を支えている蝶形骨を通し、脳梁から、時空を超えて大宇宙に広がっているヒロガリと観じ、すぐに「今の働き」に感謝する。

「今のヒロガリの感じ」を、「今」と一緒に、脳梁で、静かに観じるのが調律。

「静かに」とは、「考えを離れて」ということ。

考えない。ひたすらヒロガリを、「今」と一緒に観じる。

私たちが、自分の肉体を、「どんな感じかな…」と、静かに観じることに慣れると、ヒロガリを「今」と一緒に観じている時には、あれこれと余計なことは考えないもの。

「観じる」とは、「今」が、私の肉体を通して働いているのに気づいていること。

当然、「一つ」であるヒロガリ（今）の中には、時空を超えて存在している全てがあり、活き活き、活き活きと働いている「働きそのもの」。

リーディングは、この「今の働き」を、「生命・意識の連続性（ヒロガリ）」と言う。

私は、皆さんに、この「生命・意識の連続性（ヒロガリ）の働き」をお伝えしたくて、こうして、この本を書いている。

私たち人間の存在目的は、今、この時、「生命・意識の働きのお役に立っている体験」。

「今」が、私たちを通して、「お役に立っている」という「コトバ」の体験。

「そのコトバの肉体の実感」が、「生命・意識の、私たちみんなのこれからの体験を造る活き活きした調律という働き」。

その「今」の調律の働き（コトバ）は、私たちの心と体を通して、いつも働いている。

そこで、私は、「今」の働き（コトバ）を、肉体を通して、「信頼感」と感じながらの日々を送って、ヒロビロ（一体感）した、オモシロイ（存在感）人生を展開させている。

私は、「お役に立っている」というコトバを、蝶形骨の後ろ（脳梁）から、時空を超えたヒロガリと観じて、世界中の、過去、現在、未来の人々の心身を健康に調律するのを目的にして、皆さんのお役に立っている。

私の心身を通して、私たちが決めた目的を調律しているのは、私たちみんなのヒロガリへの「信頼感」であって、私ではない。そこで、私は、すぐに「生命・意識の知恵と慈しみの働き（ヒロガリ）」に感動して、感謝する。「アリガト」。

これが、時空を超え、生死を超えた、私たちみんなの「信頼感」の「調律という働き」。

私たち一人ひとりの「信頼感」という働きに調律する、最も強力な心身の健康法。

「信頼感」というコトバの働きにオマカセし、感謝して、三次元の宇宙を調律する「私たちみんなの健康法」。

私には、信頼感と、お願いと、オマカセと、感謝と、喜びは、一緒のリズムになっている感じがする。

――選択とその体験

「今」のヒロガリは、「総ての全て」なので、「一つ」。

一方。私たちが、自分のこれからの体験（目的）を選択するコトバは、一人ひとりが、自分で決めるもの。

私は、本書で、私自身の選択と、その体験の話をしている。

この本の中で「私はこうしている…」と、皆さんに、何度も繰り返して申し上げているのは、私は、私自身の「今」と一緒の体験の話をしているのであって、皆さんに、「このようにしなさい」と言っているのではない。この体験は、とても「オモシロイよ（存在感）」と、提案しているだけ。どうぞオモシロガッテ、ヤッテミテ。

私は、「今が、私を通して、お役に立っている」というコトバや、アリガト、オモシロイというコトバ、それに、「ヒロガリ、アッタカイ、カワイイ、カッコイイ…」や、「オカーサン」というコトバなどを、必要に応じて選択し、そのコトバを、自分の肉体で、「どんな感じかな…」

と具体的に感じ、その感じを、「今」という「ヒロガリの働き」への「信頼感」と一緒に観じて、「今の働き」に、アリガトと感謝しながら、世界中の人々（目的）のお役に立つ仕事（目的）をしている。

私は、こうして、「信頼感」が、私の心身を通して、世界中の人々の心身を健康に調律するという、自分のコトバによる選択を具体的な体験にして生きている。

私たちは、それぞれが、地球上に、肉体を持って、この今、このままで、自分が、自由に選択したコトバを、みんなで一緒に、体験する夢をみている。

例えば、すぐに落ちこんで、そこから、なかなか立ち上がれない人は、自分の考えという、自分のコトバの癖にこだわって、自分の考えに、ひたすら落ち込む夢をみている。

人々は、この、自分のコトバにこだわり、自分のことしか考えないでいる人々を、自分勝手とか、利己主義者と表現する。

実際は、幼い時に、ダメな子供と思われ、ダメ・ダメと、繰り返して言われつづけられながら育てられたので、無意識に、自分はダメな存在なのだという、自分を含めて人を非難、批判、否定するという自分のコトバの癖にこだわって、そのコトバを選択し続け、そのコトバを体験しているだけ。

すると、心身に抑圧が体験され、自分の肉体のどこかの関節に、抑圧の痛みを感じながら、自分のダメ・ダメというコトバにこだわった（凝り）生活を体験して行く。

「今」の働きは、ヒロガリ（一体感）そのもの。私たちが目的をハッキリさせ、「信頼感」を、メンタル体と肉体で感じると、私たちみんなの「今の働き」への「信頼感」が働いて、目的の方ばかりではなく、目的に賛同する方々のメンタル体と肉体を通しても、私たちみんなの、それぞれの目的を同時に調律する。

「時間と空間は、同じ一つのヒロガリ（一体感）」なのだ。

私の人生の目的。「今」と一緒に「世界中の人々の心身を健康に調律している」は、私が、ナントカシテ、世界中の人々の心身を健康にしようとするのが目的なのではない。

私が、自分の目的をハッキリさせ、「今」に、「ハイ、お願いします」と、コトバでお願いし、「ハイ、オマカセシマス」と、「信頼感」にオマカセしたら、「今のヒロガリ」が、私のメンタル体と肉体（音叉）を通して世界中で働かれるので、目的が調律される。

そこで、「ハイ、アリガト」というコトバ、呼吸、動作、ワーオモシロイ（存在感）という感情などで、自分の肉体とメンタル体（音叉）を、「今の信頼感」に調律している。

この今も、私の「皆さんのお役に立っている」という目的のために働いている「今」を、私の肉体を通して、具体的に、「どんな感じかな…」と、「今」と一緒に観じ、その働きを信頼し、感謝しながら、皆さん（私の目的）に、必ずお役に立つ（私の目的）、この本（私の目的）を書いている。

人々は皆、「今（超意識）のコトバの働き」への信頼感を、肉体を通して、具体的に体験したくて、肉体を持って生活し、それを記憶・記録し、「今の働き（調律）」を通して、大宇宙の生成発展のお役に立つ体験をしている。

目的をハッキリさせて、自分が「今と一緒にお役に立っている」と認めているのが感謝（アリガト）。

――目的

私は、自分が「コトバで選択した目的」を、「今」と一緒に、自分を「信頼感」で調律している調律屋さん。

そこで、私は、ここにいながら、世界中の人々の心身の健康を目的にして、自分を「信頼感」に調律しながら生きている。

どうぞ、皆さんも、コトバで、目的をハッキリさせた「信頼感の調律屋さん」になってみて。「オモシロイ（存在感）よ」。

「目的」は、自分を通して働いている「今」に、ここ、この方、この体験、この問題などと、対象をハッキリさせて、「今の働き（理想）」に、お願いし、オマカセしている私たちのコトバ（創造力）。

とても大切なこと。目的は、私たちの目の的《まと》なので、私たちの前方にある。いつも、前・前・前。先・先・先・先。

私が、「今」と言っている、この宇宙を総《す》べている働きの「超意識（私たちみんなの理想）」は、何でもよく知っている。

私たちが目的をハッキリさせてお願いするときに、「超意識」に、「ああだ、こうだ」と説明する必要がない。

「今」は、瞬時に働く。その調律の働きに、すぐに「ハイ、アリガト」と、顎を浮かし、頚椎を伸ばし、大宇宙のヒロガリを観じて感謝する。

分かりにくいので繰り返す。目的（お役に立つ体験）をハッキリさせるとは、「今（生命・意識）」が、その知恵と慈しみの、私たちみんなのこれからの体験を造る活き活きした力を発揮して、私たち（音叉）のコトバを通してお役に立つ働きの対象になる人、モノ、状態などを、簡潔なコトバにして、この人、ここ、コレと、ハッキリと、「今」に宣言し、オマカセし、感動とともに、自分の肉体を動かし、肉体の緩みを静かに感じて、感謝すること。これが、「目的をハッキリさせて調律している」という方法。

目的をハッキリさせたら、目的についてアレコレ考えて、ナントカショウとはしない。まず、自分の肉体を緩めて、その自分の肉体の緩みの動きを静かに感じる。

そして、直ぐ、「今の働き」に感謝する。これが調律。

「今」は、私たちのことを、何でもよく知っているので、私たちがハッキリさせた目的が、どうしますようにとか、どうなりますようにと、私たちの意見を言う必要はない。

私の場合は、自分の人生の目的が、「今」と一緒に、「世界中の人々の心身を健康に調律している」なので、心身の具合の悪い方に、おいでいただくか、その方の面倒を見ておいでの方だけが来ていただいても、また、電話や手紙でも大丈夫。生命・意識（今の働き）は、私を通して、即座に、皆さんのお役に立ってくれる。

これを、「生命・意識（今）への信頼感の働き」が、私（音叉）を通して、「皆さん（目的）を調律する」と言う。

私が、コトバで、目的をハッキリさせると、「今の働き」が、私のメンタル体と肉体（音叉）を通して、目的の皆さんを、「今の働き」に調律してくれる。

私は、自分が選択した目的を、コトバで、「この方のここ」と言って、「今の働き」に、ハッキリ告げて、お願いし、オマカセしている。

働かれるのは、「今（私たちみんなの理想）の働き」。私は、その「今の働き」を、「信頼感」と一緒に観じて、自分の目的をオマカセし、すぐに、「今の働き」に感謝する。

例えば、初めての方で、心臓の具合の悪いAさんから、電話などで、ご連絡をいただいたとする。私は、「Aさんの心臓」と言って、コトバで、目的をハッキリさせる。Aさんの心臓がどうなりますようにとか、こうしてくださいなどとは言わない。言う必要がない。

何しろ、Aさんも、私たちも、このままで、同じ一つの「生命・意識の知恵と慈しみの、私たちみんなのこれからの体験を造る、活き活き、活き活きした調律の働き（理想）そのもの（ヒロガリ）」。

この今、同時に、私たちは、「同じ一つの生命・意識の、同じ一つの調律の働きを生きている活き活きした生命体（霊体・私たちの理想）」として「存在している」。

ハッキリさせた目的に働くのは、その「同じ一つの生命体（霊体・理想）」であって、目的をハッキリさせた、私たちのメンタル体や肉体ではない。

私たちのメンタル体や肉体は、「今（霊体・理想）の調律の働きの波動」の通り道（音叉）。

私たちが、自分のコトバで、目的をハッキリさせたら、たったこの今の、自分の肉体の緩みの感じを「どんな感じかな…」と、静かに、「今」と一緒に観じる。これがオマカセ。そして、すぐに、肉体の緩みの働きを感じながら、感謝する。アリガト。

「調律する」とは、コトバを、言葉で考えるのではなく、コトバを自分の肉体の緩みと感じて、その肉体の緩みの感じを、「今」と一緒に観じて、感謝し、感動すること。

生命体は、「生命・意識の知恵と慈しみ（霊体・理想）」なので、私たちは、その調律の働きを信頼して、お願いし、オマカセし、緩みを感じて、感動し、感謝する。これが「調律」。みんなを、生命・意識の活き活きした働きに調律する喜びの体験。

繰り返すが、自分が、コトバで、目的をハッキリさせたら、「お役に立っている」とか、「信頼している」とか、「オカーサン」などのコトバを、自分の肉体（音叉・信頼感の通り道）で、「どんな感じかな…」と感じて感動する。そして、自分のメンタル体と肉体が、そのコトバに共振しているのを、「今」と一緒に、静かに観じて、自分の肉体とメンタル体を「今の働き」に調律し、すぐに、顎を浮かし、首を伸ばして、自分の感謝の感じを、「今」と一緒に、静かに観じる。すると、自分の肉体を通して、目的が調律される。オモシロイ（存在感）。

こうして説明すると長いが、十秒もかからない。

「今」が、私のコトバを通して、私と目的を、「信頼感」で同時に共振させたのだ。

私は、毎日、生命体（今の働き）の通り道として、世界中の人々のお役に立っている調律屋さん。「信頼感の通り道（音叉）」。

一方。「目標」と言う言葉は、自分を含めて、人々が、これから、「数値的に達成する努力目標」のように考えられる。そこで、私は、「今」が一瞬で達成してくれる「目的」とは違う感じがするので、ここでは、目標と言う言葉は使わない。

また、目標は、過去に決めたことを、ナントカシテ達成する体験で、そうしないとダメ、という圧迫感を感じる。

うまくいかないと、人々は、自分がダメなのだという、罪悪感まで感じてしまう。

「今」の働きは、いつでも、今であって、これからではない。「今」は、時空を超えて、瞬時に働くので、すぐに感謝する。オモシロイ（存在感）。

繰り返すが、「時間と空間と忍耐」の世界に肉体を持って生活している私たちは、時間と空間の制約を受けるので、自分たちのハッキリさせた目的を、自分たちが具体的に体験するには、時間と空間の制約がある。

また、今までの長い間の心身の癖は、簡単にはなくならないので、繰り返し、繰り返し「信頼感」を行動する忍耐という貴重な体験を重ねる。これが愛。これが「愛の人生」。

私は、その忍耐を、積極的に体験するために、いつも、繰り返し、繰り返してオモシロイね（存在感）とか、ヒロガリ（一体感）とか、アリガト（信頼感）を感じながら生活している。

そこで、私たちは、自分が選択した目的を、具体的に、繰り返して体験するために、来世まで用意して生きている。

私たちが、今生で、年寄りになって、若い時にしか体験できないような目的をハッキリさせても、「今の働き」は、その目的を達成するチャンスを、きちんと用意して、来世にも、再来世にも体験させてくれる。

時空を超えた「今」の中には、過去・現在・未来の全てがある。でも、「今」は、私たちが、こうして肉体を持って、日々の生活の中で、様々な困難に対峙したときにこそ、私たちがオモシロガッテ、目的をハッキリさせ、自分たちの肉体で、「今の働き」への「信頼感」を「具体的に感じて感謝する」という調律体験を行動するのを喜ぶ。

――オモシロイね（存在感）

ここで、私の口癖、「オモシロイね」という感じ（調律）の説明をさせていただく。

「喜び」は、みんなの喜びという感じがする。「うれしい」は、それぞれの方が、自分がうれしいで、「楽しい」は、自分や、自分のまわりがウキウキしている感じ。

そして、「面白い」は、みんなが面白い。

私は、それを「オモシロイ」と、カタカナにして、自分が「今の働き」と一緒に選択できる「私たちみんなの、これからの体験」を、「積極的に表している未来形」として感じている。「これからの私たちの選択とその体験」がオモシロイ（存在感）のだ。

そこで、私は、嫌な人に出会っても、嫌な出来事が起きても、自分の心身の具合が悪くても、すぐに「オモシロイね」と言う。決して、眼前の嫌な人や、嫌なことや、自分の具合の悪いことを面白がっているのではない。

嫌なことに対する、自分のこれからの選択とその体験を、ヤッテヤルゾと、モシロガッテいる。

こんな感じ。私の年齢が、こうして「アラナイン」にもなると、筋肉は萎えて、以前には、盛り上がっていて、よく働いてくれていた筋肉が薄くなって、皺だらけになる。そこで、その筋肉が支えていた関節が痛んで動きにくいので、ドッコイショ。その他、数々の心身の衰えにも、ビックリ。

こんなの面白くない。

でも、「今」の中には、それらに対する様々な対応がイッパイある。私は、自分で、そのどれかを選択し、その体験を、「今」と一緒に、ワクワクしてオモシロガッテいる。

それらに対応する自分のコトバによる選択と、来世も含めて、これからの体験が、「オモシロイね」なのだ。

私は、理知的に面白いは頭。感情でオモシロイは胸。一方、これからの体験を「今」と一緒にオモシロガル。「オモシロイね」は、お臍と、両足の指と、骨盤と、左右の肩を揺らして感じる。「ヤッテル、ヤッテル」と、お臍をピクピクさせ、両足の指を動かして喜び、遠くを見て（ヒロガリの体験）、骨盤と両肩で羽ばたいて、飛び上がって行く感じ。

人々は、これを、「臍が茶を沸かす」とか、「飛び上がって喜ぶ」と言う。

こうして、私たちは、自分のヨロコビを、自分の肉体の動きの感じで体験している。その肉体の動きの感じを「どんな感じかな…」と、「今（超意識）と一緒に観じて、感謝する」のが調律。オモシロイ（存在感）。

「今の調律の働き」が、自分の肉体を通過しているのを感じている自分を、どんな感じかな…」と、「今のヒロガリ」と一緒に、静かに観じるのがオモシロイ（存在感）。

そこで、私は、自分のこれからの体験を目的にしたら、日常のどんな時にも、どんな動作をするときにも、どんなゆらぎ方（「今の働き」と一緒の調律体操）をするときも、後頭骨と、臍部と、両肘の位置を変えないで、尾椎と骨盤と両肩と顎と蝶形骨を、小さく前後左右、それに上下にも動かし、リズムに乗って、大宇宙と一緒にオモシロガル生活をしている。

簡単なゆらぎ方（調律体操）がある。床の上でも、寝具の上でもできる。

ここでは、立ってやる方法で説明するが、力を入れない、ガンバラナイのが、調律法。

目的をハッキリさせたら、両掌を手前にして両耳の高さに挙げる、両手の位置を変えないで、顎を浮かすように挙げ、両膝を軽く曲げる。「オモシロイ、オモシロイ」と、尾骨を前後、左右、上下に振動させ、顎と、両肩の後ろと、骨盤と、それに、両手、両足の指を小さく揺らして喜ぶ。すぐに、頚椎を伸ばして感謝する。「ヤッテミテ…」。

また、「ゆらぎ方（調律体操）」の時。ポーズをとったら、リラックスして、尾椎を振動させ、腰椎の4番から動き始め、両肩の後ろで喜べば、調律体操の「ゆらぎ方」を体験する。目的をハッキリさせ、そして、感謝とともに…。

私が「オモシロイ・オモシロイ」と、繰り返して言うとき、私の体は、飛び上がって「ヤッテル・ヤッテル」という感じ。「今」がヤッテいるのを、全身で「オモシロイ・オモシロイ」と、リズムに乗って感じ、それを、「今」と一緒に観じている。

私たちは、コトバ（「今」の働き）を肉体で感じたくて、肉体を持って生活している。「オモシロイ」と言うコトバは、一回だけ言ってもよく働くが、私は、自分を「今」と一緒に働かせるために、コトバの働きを意識して言うときには、「オモシロイ・オモシロイ」と2回重ね、自分の肉体の関節全部をそのリズムに乗せ、コトバを活発に働かせる。

例えば、最初のオモシロイのときには、上部胸椎が伸ばされて、次に、頚椎を伸ばして、現状をアリガトと受け止め、そこでウンと頷き、次に、大きく顎を挙げて、再度オモシロイと、大量の空気を口から吸って、自分が選択するこれからの体験をハッキリさせ、ずっと先を見て、「今」と一緒に、ヤッテルと、一気に空気を吐いてオモシロイ。そこで、合点して、ウンと頷く。「信頼感」を感じる時も同じ動きになる。

こうして、毎日、「今」と一緒に、全身でオモシロガッテ働く。

これらのやり方は、時によっても、場合によっても、また、それぞれの人によっても、やり方が違ってくるのが当たり前なので、こうしなくてはいけないと言っているのではない。「信頼感」は、「許し・オマカセ・感謝・ヨロコビ・感動の肉体体験」。

全宇宙の働きは、コトバである。私たちの考えは、コトバである。こうして、地球上で、肉体を持っている人々は、毎日、自分の、いつもの、おなじみの言葉による考えを選択し、その自分のコトバの造る働きを、肉体で体験して観ているというわけ。

コトバと肉体の動きが一緒になって、初めて、体験が、体験になる。自分の肉体の感じを「どんな感じかな…」と、「今の働き」といっしょに観じてこそ、「今」と一緒に、やる気イッパイになる。それがオモシロイ（存在感）。

これが調律法。「今」を、いつも「どんな感じかな…」と、「今の働き」と一緒に、静かに観じる体験。「静かに観じる」とは、「考えないで」ということ。

——関節炎の原因

リーディングによると、関節痛の原因は、怒りとストレスの抑圧と言う。一般的に、人々はこのことを知らない。

人々は、このことを知ると、怒りとストレスを抑圧しないようにしようと、コトバで考える。

これでは、「怒りのストレスの抑圧をしないようにしよう」という体験を、自分のコトバで選択したことになる。「このコトバ」で、「自分の目的」を、ハッキリさせたのだ。

そうすると、「今」は、時空を超えた働き者なので、私たちの「怒りのストレスの抑圧をしないようにしよう」とする選択が、これからの、私たちの体験になるように、即座に働き、私たちは、怒りと、ストレスの抑圧を、これからの体験にする。

こうして、これからもずっと、「それらをしないようにしようとする」無意識のコトバの選択を、「怒りとストレスの抑圧」として体験し続ける。

よく聞くコトバの選択。「よくなりますように…」も同様。このコトバでは、安心・安全・元気イッパイ・祝福・感謝・感動・希望・お役に立っているなど、「今の働きへの信頼感」が、選択されていない。

目的をハッキリさせたら、「今」と一緒に、「お役に立ってる。ウレシイナ。アリガト」等と、全身で感動し、感謝するのが、信頼感を活用する「今の働き」と一緒の、喜びと感謝の調律法。

――オコリンボ

いつも申し上げているが、私は、オコリンボである。生まれる前に、それを選択して生まれてきたので、今生では、それを体験している。

しかし、私は、そのことを精神的に恐れてはいない。当然、肉体的に怖れてもいない。

自分が、何回も、何回も人生を体験して、そのすべての体験の記録・記憶を通して、この今も、自分のそれらの体験を活かし、「困っている人々のお役に立てている存在」であり、今生では、自分が、「お役に立っている」を目的として選択し、それを具体的に体験しているオモシロイ存在と、ハッキリ決めているので、自分が体験している怒りそのものを、その都度オモシロガッテ、すぐに忘れてしまうので、怒りを気にも留めていない。

これを、「自分の存在の理想と、人生の目的をハッキリさせて生活する」と言う。

私は、生来のオコリンボで、怒ると、カッとなって、汗をかくので、アンダーシャツは一枚も持っていない。しかし、私の身の回りの人たちは、いや、人間たちばかりか、ネコちゃんや、ワンちゃんたちも、私が怒っているのを見たことは、ナイ。

リーディングによると、「不正が行われているのに、怒らないのは、いけないことだ」と言う。さらに、「怒らなくてはいけないと知っているのに、怒らないのは、もっといけないこと」と、言っている。

そこで、私はオコリンボ。

人生は、自分の選択とその体験なので、こうして、自分が怒っているのを体験したら、これで、以前の自分の選択と、その体験は終わり。

もう、オワッタノダ。

私は、いつも、「自分の怒りを、これからもずっと、いつまでも後へ引くのを選択しない」という体験を、断固として選択している。これがオモシロイ（存在感）。

私は、「自分の選択とその体験が人生」と、生命・意識の「今の働き」を信頼しているので、今、しっかりと怒りを感じたら、その感じを「今」にオマカセして、すぐに、この今も働いている「今の働き」に、「アリガト」と言って、その「アリガト」という肉体の感じを、「今」と一緒（一体感）に、じっくり観じてオモシロガル。「オモシロイね（存在感）」。

私が怒りを感じている対象は、マッタク問題にしない。自分の肉体の怒りの感じの方を、シッカリと観じる（ここがミソ）。

すぐに、「オモシロイね」。その「オモシロイね」を「今の働き」と一緒（一体感）に、静かに観じて、「今」と一緒（一体感）にオモシロガル（存在感）。「オモシロイね」。

これを、算盤で使う言葉で説明すると、計算がうまくいかなかった時。一瞬、カーッとする。ハイオシマイ。すぐに、仙尾関節（仙骨と尾骨のつなぎ目）と、お臍と両肩を揺らしてオモシロガル。「オモシロイね」。

そして、「ご破算で願いましては…」と、自分のうまく行かなかった体験を「今の働き」にオマカセ（信頼感）して、盤上の怒りを、一気にハラッテしまう。ガチャ。

こうして、この今、もう、すでに終わってしまった自分のうまく行かなかった体験をオモシロガル（存在感）。「オモシロイね」。

その先がある。「さあ、次…」と、目的をハッキリさせ、上の五の段を挙げて、これからの先を期待して、静かに待つ。

これが「静けさ（一体感）」の体験。これが瞑想の極意。「カラッポ」。

私がやっている「怒りを抑圧しない」というオモシロイ生き方。

このように、自分の怒りの体験が終わったら、すぐに、五の段を挙げて、自分の理想（信頼感）と、自分がこれから体験する具体的な目的をハッキリさせて、その目的への対応を考え、選択し、オモシロガッテ、力強く行動している。そこで、私が怒っている顔は、誰も見たことはないし、怒っている声も聞いたことは、ない。

このように、先、先、先。前、前、前という生活をするのが調律人生。

さらに。私は、私に怒っている方を見ても、その人を非難し、ナントカシテ変えさせようとはしない。私は、自分でも、その方の怒りを感じながら、その方の怒りの選択とその体験を、「今」と一緒にオモシロガル（存在感）。オモシロイね。

「総ては一つ」。周りの人を変えようとする人は、自分が、人々から変えられるという選択をしたことになるからだ。

面白がるのではない。面白がるは、目的の人を小馬鹿にしている感じがする。

その怒っている方は、「今」の働きを通して、「私に、貴重な人生体験を提供している」。で、私は、「今」と一緒に、オモシロイねと、この今の自分の感じを、静かに観じて、これからの自分の選択と、その、貴重な人生体験をオモシロガル。

さて、身内や、近所や、仕事場には、私たちを非難し、否定し、批判する人が大勢いる。すぐに、私は、心の中で、オモシロイねと反応する。

なぜかと言うと。その人たちは、自分たちが溜め込んだ鬱憤を発散させるのに、今生で、私を選んだのだ。

また、私は、これらの体験は全部、「今生の体験のために、あらかじめ私の魂体が決めていた条件設定なのだ」と、知っているから…。

私の魂体は、こうして、調律屋さんになって「世界中の人々の心身を健康にしている」という目的を持って生きている私が、「生命・意識の私たちみんなのこれからの体験を造る働き」を、

「自分自身という音叉」で、どう使い、どう活用するのか、興味津々なのだ。

そこで、私は、自分が感じている、なんとも嫌な方々を目的にして、私自身の「生命・意識の、私たちみんなのこれからの体験を造る働き」への絶大な信頼感、感謝、喜びを、顎を浮かして首筋を伸ばし、両肩を上下させて、ハイ、ハイ、ハイとリズムに乗ってオモシロガル。

こうして、前々、先々。自分のこれからの体験をハッキリさせ、「オモシロイね」と、尾椎を振動させ、脊柱を上下に伸縮させてワクワクする。オモシロイ・オモシロイ。

一方、講習会場などでは、怒りの抑圧で、腰痛などを感じている元気のない方を目的にして、私が、自分のお得意の怒りの感じを、皆さんの目の前で、大げさに感じて見せ、その方を元気にしてしまうこともある。

これは、自分が、盛大な怒りを感じても大丈夫という信頼感をオモシロガッテ活用し、目的の方を、私自身の肉体で感じる「信頼感」に調律する体験。

また、他にも、腰痛などを感じている方がおいででしたら、その方を目的にして、会場のどなたかに、「この今、自分は、お役に立っている」と、ご自分を通して働いている「今」への「信頼感」を感じていただいても同じ。目的の方は元気になる。

こうして、私たちは誰でも、それぞれの方が、ご自分の肉体で感じる「信頼感」という調律法は、目的をハッキリさせておけば、一瞬で、世界中の人々にも働く健康法。

私は、様々な怒りを持て余している方々から、それぞれの対応を聞かれたら、オモシロガッテ、怒りの、簡単な調律法を申し上げる。

やってみてください。立っていても、座っていても、上向きに寝ていても同じ。両手で、頬杖を突くという体勢から、両手の力を抜いて、十センチほど前に出す。

「お役に立っている」と言って、力を入れないで、両手を、上の方に静かに挙げてみる。力を入れないでも、軽くあがりますよね。

今度は、「お役に立っていない」と言って、同じ動きをする。

ワカリマシタヨネ。腕ばかりか、体全体が重い。

両手で、信頼感、祝福、感謝、感動、安心、安全、元気いっぱい、オモシロガルなどの感じを、自分の肉体（音叉）を通して、人々に出してさし上げる時の「軽々とした体勢」にはならない。

息が詰まる。両手が重い。「何とかしなければ…」と、力を入れると動くが、全身に嫌な感じを感じる。力を入れて動かそうとすると、自分は「お役に立っていない」という非難、批判、否定、疑いの体験を選択したことになる。これが、私たちがイライラする原因。暴力の源。

私は、それを知っているので、肉体労働をする時でさえ、力を使って体を動かさない。そこで疲れない。家族も、周りの人たちも、私から、「疲れた」という言葉は聞けない。

いつも「お役に立っている」という選択をしていて、尾椎を振動させ、蝶形骨の後ろから輝きを放射しながら、体に力を入れないで、腰椎の４番から動きはじめて働く。すると、体が軽々と動いて、疲れない。それで、私の体には、薄いフニャフニャの筋肉しかついていない。痩せこけた体で、日々に元気。肉体労働もして、活発に働きながら、「今」と一緒に、イライラしない「お役に立っている生活をしている」。オモシロイ（存在感）。

何しろ、私が、世界中の人々の心身を、「今」のコトバの働きに調律してお役に立っている張本人。

自分が、そういう体験を選択したら、無条件に、「今」と一緒に「お役に立っている」という肉体の感じを、「どんな感じかな…」と、静かに観じる。すると、その記憶は永遠に記録され、その「今」と一緒の静かな観じが、これからもずっと、多くの人々のお役に立ってくれる。アリガタイ。

このように、自分が、今、肉体で感じている感じを、「どんな感じかな…」と、「今」と一緒に観察するのを、観察の観で「観じる」、あるいは「静かに観じる」と言う。

自分の肉体の感覚の感じについては、どうのこうのと考えない。自分の肉体が感じている嫌な感じを、そのままに「嫌な感じ」と感じて、気にもしない。

自分のメンタル体と肉体が、「嫌な感じ」を体験していると、「今」と一緒に観じたら、すぐにオモシロイね。

こうして、過去を全部ご破算にして、「今」のヒロガリを静かに観じる。

調律法とは、目的をハッキリさせて、「今」を感じている自分を、「どんな感じかな…」と、「今」と一緒に、静かに観じて、自分を、「今」の働き（信頼感）に調律すること。

そして感謝。すぐに五の段を挙げ、自分の目的をハッキリさせて、よし、ヤッテヤロと行動する。

――ハイ、ハイ、ハイとリズムに乗る

私の「世界中の人々の心身を健康に調律する方法」とは、まず、「世界中の人々の心身の健康」と、コトバで、目的をハッキリさせる。そして、「信頼感」を、自分の肉体でハイ、ハイ、ハイとリズムに乗って観じ、すぐに、顎を浮かし、頚椎を伸ばして、「アリガト」と感謝を感じる。十秒ぐらい。

「調律法」とは、コトバでハッキリさせた目的を、「生命・意識の知恵と慈しみの、私たちみんなのこれからの体験を造る活き活きした調律の働き」への「自分の信頼感」にオマカセして、すぐに感謝する。これだけ。

考えない。考えて、ナントカシヨウとはしない。考えないで「今の働き」に感謝し、感動する。

また、目的をハッキリさせて、「私たちの心身を信頼感に調律するコトバ」を意識に聞く方法もある。例えば、そのコトバを、意識が、「オモシロイね」と答えたら、その言葉を、自分の体で、「どんな感じかな…」と、「今」と一緒に、静かに観じる。すぐに「アリガト」と感謝する。すると、「これからの私たちみんなの体験を造る調律の働き」が、瞬時に仕事をする。

これは、とてもオモシロイ（存在感）体験。

私が「信頼感」を感じる時には、普通、「ハイ」という呼吸とともに、脊柱が、胸椎の４番

から上下に動き、「ハイ、信頼しています」と、上下のリズムに乗る。

人々がこれに慣れると、「ハイ、ハイ、ハイ」と、リズムに乗って、「信頼感」を、上下のリズムとして観じても、「信頼感」を具体的な体験にする。

私の、いつもの「意識に聞く」という調律法は、このリズムに乗るという方法を活用している。

私は、自分の人生の目的が、「この今、世界中の人々の心身を健康に調律している」なので、世界中の人たちから、それぞれのご質問をいただくと、お困りの方々一人ひとりが、これからどうしたらよいかは全部、目的をハッキリさせて、夢をはじめ、様々な方法で意識に聞く。すると、意識は、すぐに、「世界中の人々の心身を調律するそれぞれの方の、それぞれの方法」をリズムに乗って答えてくれる。それがオモシロイ（存在感）。

ナント、その答えの大真面目ではないところが、また、オモシロイ（存在感）。

これは、自分を「今の働き」への「信頼感」で調律しながら生活する一つの方法。「今という働き」の中には、全てがある。私たちが、どなたかの心身の健康と、目的をハッキリさせて、これから、どんな健康法を体験するとよいかを、リズムに乗って聞くと、「今」は、すぐに、この今の、その人の心身の健康法を、私たちの魂体、メンタル体、肉体を通し、リズムに乗って答えてくれる。（※注：『エドガー・ケイシーの日々の健康法』参照）

肉体を持って、こうして生活している私たちの人生は、魂体の意識がみている夢。魂体は、過去の、私たちの体験を全部記憶（記録）している。その記憶・記録を基に、肉体を持って生きている私たちの問いかけに対応して、いつでも、私たちに必要な様々な調律法を教えてくれる。

私たちが、それらの体験を選択しなければ、それらは、日常の生活の中で体験しない。

私は、超意識に、コトバで、目的をハッキリさせ、メンタル体と肉体でリズムに乗って、皆さんを「信頼感」に調律している調律屋さん。その記憶・記録は，永遠の働き。

皆さんに、この「今の調律の働きへの信頼感」の何がオモシロいかをご案内すると、私は、コトバを肉体で受け止め、肉体で感じ、その感じを、「どんな感じかな…」と、「今」と一緒に観じる。すると、コトバ（今）が、私の肉体（音叉）を通して大宇宙中で働いてくれる。これがオモシロイ（存在感）。

私は、自分の体（音叉）で感じられる、非難、批判、否定、疑いのコトバが使えない。それらを、私を含めて、みんなで一緒に、これからの体験にしてしまうからだ。

生活の中で、皆さんの選択に、私が不安を感じる時も、皆さんに説明するときは、「私には、こう感じられる。オモシロイね」。あるいは、「こうしたら、もっとオモシロイよ」。ここまで。

また、私たちは、ハッキリさせた目的に対する自分の選択や、対応がうまく行かなかったとき、反省をする。一般的には、自分の対応を振り返って、その原因を探り、ダメなところを確認して、今度はこうしようと、次の対応をハッキリさせること。私もそうする。

しかし、私は、「自分のダメだったところを繰り返して非難する」という選択は、「そのダメを何度も選択していること」と、知っているので、一回だけ反省したら、すぐに、「今の働き」

に感謝して、自分の理想と目的をハッキリさせ、先、先、前、前という生活をする。

こうして、「ダメだった自分を、何度も繰り返して選択することはしない」。

「今の働き」を信頼して感謝し、その対応を積極的に行動する。これが反省。

何しろ、私は、コトバを自分の体（音叉）で感じて、世界中の人々の心身を健康に調律している調律屋さん。人々の心身の健康のために、自分を含め、ダメ、ダメ、ダメという私たちの存在を否定するオモシロクナイコトバが使えない。

――ヤッテル、ヤッテル、ヤッテル

人々は、何か、問題が起きると、これはいけない、何とかしなければと、コトバで考える。考えはコトバである。そして、そのコトバは、私たちみんなの、これからの体験を造る働きなので、「これはいけない」と、「何とかしなければ」を、これから、みんなで体験する。

私は、問題が起きると、オモシロイね、ああ、ヤッテル、ヤッテル、などと言うコトバで反応して、その問題に必要な自分の対応を、オモシロガッテ、どんどんやる。

で、その対応がうまくいかなかったら、また、オモシロイね、ヤッテル、ヤッテル。

私（音叉）を通してヤッテルのは、「今の働き」なのだ。そこで、すぐに、顎を浮かし、首筋をノビノビと伸ばして感謝する。アリガト。

大切なこと。生命・意識の世界には、時間と空間がないので。すぐに感謝する。アリガト。

そして、「今」のリズムに乗る。ヤッテル、ヤッテル、ヤッテル、ヤッテル（存在感の働き）。やっているのは「今の働き（信頼感）」。

こうして、私は、怒りとストレスを十分に感じながらも、自分を抑圧しない毎日を、快適に、踊るようにして、「ハイ、ハイ、ハイ（信頼感）」と、リズムに乗って過ごす。

コトバは、声を出す時も、出さない時も、顎を動かして言う。私たちの頭蓋骨には、いくつかの関節があるが、頭蓋部には、ほんの少しの筋肉しかない。そこで、話したり、食物を噛んだりすることで、顎関節を動かすと、連動して頭蓋骨の関節が動き、脳の働きを活発にしてくれる。

コトバで目的をハッキリさせたら、声に出しても、出さなくても、「さあ、行くぞ」。これもコトバ。顎を動かして言う。同時に、オモシロイね、よしっと、「今」と一緒にオモシロガル。「よしっ」、の「よ」の時に、仙骨と尾骨の関節の尾椎の２番、３番が前方に動く。直ぐ、「し」の時に、尾椎が反発して後方に動く。そして、「ヤッテル」。

すると、「今」の働きが、リズムに乗って、尾椎から、仙椎、腰椎、胸椎、頚椎と、脊柱を一気に駆け上がる。そして、脳梁を通して蝶形骨と前頭骨で輝き渡る。

説明するとこうなるが、一瞬なので、「よ」の時に、もう全部が終わっている。

これも、一瞬であるが、私が、「今」と一緒に体を動かす時は、まず、尾椎が緩み、骨盤が位置に着き、頚椎と胸椎が伸びて、両肩を、前後左右上下にゆるやかに動かしながら、腰椎の４番から「フワーッ」と立ち上がって、必要な行動をする。

実際には、目的をハッキリさせると、「今」が、自動的に、私の体を通して、ヤッテル、ヤッテル、ヤッテルと、勝手に、尾椎から動き始める。

この尾椎と仙骨の間の関節は、皆さんが、「オモシロイことをして遊ぼうよ」という期待の喜びを表現するときによく働く関節。ワンちゃんや猫ちゃんの得意技。

そして、いつもオモシロガッテいる私の動作も、ココからはじまる。

自分の体のどこかの関節の動きが悪い時も、そこの関節を緩め、更に、骨盤でリラックスする。そして、尾椎と仙骨の間の関節で期待と喜びの振動を感じる。その喜びの振動が仙骨を揺らして骨盤を緩め、上昇し、両肩をゆらして、蝶形骨でヒロガリと観じたら、すぐに、頚椎を伸ばして感謝する。その繰り返し。すると、全身が楽に動く。

人々は、年を取って、それらの筋肉を積極的に動かさないと、筋肉が衰えてくる。すると、脳血管障害や、認知症、肺炎などになる率が高くなる。

このように、この本で、私は、頭蓋骨とか、頚椎の7番と胸椎の1番の間とか、尾椎の先端というように、解剖学的な言葉で説明している。

皆さんは、生命の知恵と慈しみの、活き活き、活き活きした調律の働きを信頼して、目的をハッキリさせたら。「その働き」に、この本の言葉、例えば「胸椎の2番」を、そのまま、「今」が働く目的にして、コトバで、「胸椎の2番」と告げて、尾椎と仙椎の間の関節で喜び、仙骨を動かして緩め、すぐに感謝すると、「今」は、胸椎の2番にキチンと働く。そこで、顎を浮かし、首（頚椎）を伸ばして感謝する。アリガト。

リーディングは、私たちが、「生命・意識の知恵と慈しみの調律の働きへの信頼感」を選択し、その働きを体験する調律人生を「理想をはっきりさせた人生」と言う。

私は、自分が信頼している調律の働きを「今」と呼び、自分の肉体、メンタル体を「今」の通り道と観じて、世界中の人々を健康に調律し、頚椎を伸ばして感謝を感じながら生活している。これが、私の「理想をハッキリさせて、理想を肉体で感じながらの日々を過ごす生活」。

講習会などでは、例えば、ある方の腕関節の、ある部分を目的にする時に、その方の腕関節を手で触って、こことか、この奥とか、この裏とか言って、「今」と、皆さんに、「今」が働く目的の場所はココと、目的をハッキリさせている。

この時は、その方の腕関節を調律や治療をしているのではない。

こうして、目的の場所がハッキリしたら、私が、自分の体（音叉）で、「信頼感（ハイ、ハイ、ハイ）」を肉体で感じて、すぐに頚椎をのばして感謝する。これが「調律」。

「調律」という健康法は、時間的にも、空間的にも、その選択と、その体験の連続。

私たち一人ひとりは、「ハイ、信頼してます」というコトバを、自分が、自分の肉体で感じる調律の体験がしたくて、何回も、この地上で、肉体を持って生活している。

こうして、私たちが、目的をハッキリさせたら、行動し、その結果の良し悪しにコダワラナイ。すぐに感謝する。

何度も、調律を繰りかえして体験し、感謝する。それを自分の身に着けるのが調律体験。これを、リーディングは、「時間、空間、忍耐の体験（愛）」と言う。この三次元の地球は、その体験の場。
そこで、どんなときにも、喜びのリズムを肉体で感じながら行動するのが調律人生。

第3章　魂体からの調律体験――夢

――魂体からの調律法

若い女性の夢。「この男性は、私の結婚相手ですか？」と、自分の結婚の問題を、すでに結婚している友達に尋ねた。その友達は、「これはあくまで、占いだけど、参考にしてね」と言う。すると、松の木のシルエットがサーっと長くなった。

「長く待つ（松）」という意味。全てを見透している魂体（潜在意識）からの調律のメッセージ。

眠りはじめや、眠りからの覚め際にみる夢は、私たちの人生の一部である「眠り」が、人間にとって無駄のように思われても「必要」なように、人生に必要な情報をしっかりと提供してくれる。その伝達の方法は、よくいえばユーモアタップリ、ヒニクな見方をすればイジワルでシツッコイ。要するに、ダジャレ、コトバアソビ、オドカシ、たとえ話、象徴などでせまって来る。でも、これが夢の調律の働き。

エドガー・ケイシーは、人生に変化があるとき、困難や病気、事故などがあるとき、その前に、必ず夢で報《し》らされていると言っている。

潜在意識（魂体）は、私たちに、その情報を、実生活の中で応用してほしいから、夢をみせて、調律を促してくれているのだ。

若い女性の健康相談で、最近、どんな夢をみているのかをたずねた。

追いかけられ、追いつめられて、竹やぶとか、閉ざされたところへ逃げ込む。すると大きな穴があって落ちそうになる。

追いかけられる夢は、誰でもがみたことがあるはず。でも、追いかけられる夢は、コドモのみる夢。この方はつづけて、「私にとって、夢とはこれです。どんな形で始まっても、結末はいつも、逃げて、逃げ込んで、穴に落ちそうになる」と言う。

こうして三十年余り、同じ夢をシッコクみつづけている。夢もシッコイけれど、みる人もソートーなものである。こういう夢をみつづけている人がけっこう多く、私は、そういう人に「もう、こんな夢は卒業にしなければ……」と言う。

これらの夢は、私たちに、理想と目的をハッキリさせて、「調律生活」をするように促している夢。

しばらくすると、多くの方々は、私にしみじみと答えてくれる。「おかげさまで、卒業しまして、今では良い夢をみせていただいています」。

小学校を卒業するまでは、穴に落ちて墜落して行くいやな夢をみるのもよい。けれども、中学生になったら踏みとどまり、高校生になったら、もう、みるべき夢ではない。

この種の夢をみる人は自分の潜在意識から、「なるほど悪いことはしていない。しかし、もっと積極的な方向に転向（調律）しなさい」と、促されている。

「自分は、こうでなくてはいけない」という、せまい偏見、規範に追われつづけたために、ウン十年も、積極的に生きなくてはいけない自分から「逃げつづけている」という意味。

夢の多くは自分自身をみている。この場合も、追手は「どうにかしなさいよ（調律したらどう）」と言っている自分自身である。

先の「長くマッ」若い女性も同じような夢をみていた。追われ、「息もタエダエ。でも、サッとかわしてみると、追手は別の人を追いかけていた」。

そう。追手（魂体）は、逃げる人（調律が必要な人）しか追いかけられないモノ。


次は、恋人ができた男性の夢――。

首のない男が、女のミイラの首を手に持っている。女の首が生きた女性になり、男は自分になった。女が近づいてくる……。

男がいて、女がいる。その女が自分に近づいてくる。これは現在の状況設定である。ギョッとする出だしは、夢が、それをみている人の気をひきつけるいつもの手。

あなたの恋人は、複雑に心を揺れ動かす現実に生きている女なのだ。女性という文字ではない。今現在、男の頭にはない女の心を思いやったとき、自分がほんとうの男になり、女が身近になってくる。

もう一つ、ギョッとする夢——。

緑の玉が心臓に向って飛んできた。ギャッ。

緑の玉は治療の意味。日頃から健康には注意していない人の夢だったら、心臓のために生活に注意という夢。その人の健康法が間違っていなければ、「起きろ。その方が心臓に良い」という夢でもある。

カーマニアの白人男性がみた死の夢——。

暗い空中に、自分が浮いている。こわくもなんともない。ずっと下の方で自動車が燃えている。自分が事故をおこした車だ。

やがて、ヒュッテのベランダで、テーブルを前に座って、自分を待っている妻のところへ来た。妻に〝自分は死んだ〟と言うが、ほんとにしない。そこでテーブルの上に手をかざして、光を受けても影がないのを見せた。また夜風に、自分の髪がなびかないのを示し、妻に、自分がもう死んでいると知らせようと試みた。そうこうしているうちに、自分は、もうここにいることはできないという気持になり、どこかに引かれていくように感じた。

この夢は、何か死の予知のようだが、私にこれを語ったのは、夢をみてから、４か月目で、まだピンピンしていた。どちらかといえば、これからの生活の連続性を、自分（男性性）が、自分自身（自分の中の女性性）に、立証してみせた夢。

一般に、夢の中でみる「死」とは、意識のレベルを変えた状態を意味している。そこで、この死の体験の夢は、深いレベルでは、生命・意識の連続性を立証していると解釈できるし、浅いレベルでは予想外の変化を体験し、新しい生活が始まるという意味があって、実際に、この一家は、住み馴れた日本をあとに、母国へ引っ越して行った。

この夢で、「生活は連続する」という説明を聞いている立場の自分の妻とは、現実を取り入れて、それを育成し、新しい展開に備えようとしている、自分の意識の中の女性性の意識のこと。

冒頭の、自動車が燃えているのは、夢が、大切なことを伝えるために、ビックリさせて、この夢を記憶させている。

一方、夢の中の登場人物が夢に出ている当の本人という場合もある。たとえば、スキーをしに来た宿で、若い男性が夢をみた。東京にいる妹が男にいじめられて悲しんでいる。早速、妹に電話すると、妹は大金をなくしたという。ただ、この事件に男性がからんでいたかどうかは定かではない。

男性の公務員のみた夢——。

帳簿がみつからない。すると、女の声で、令和元年度の帳簿が会計検査官の調査で、使いこみがバレてしまう、ハヤクハヤクと言っている。

事務職の公務員にとって、帳簿がみつからないのはショッキングなこと。

さらにこの夢では、男性に、女性の声で、使いこみ、ハヤクハヤクという催促など、潜在意識が予知情報を印象づけようとしているのがわかる。

夢をみた三週間後に、会計検査があり、帳簿に不備のあることが指摘された。この人は、私の夢の講習を受けた後、夢の記録をつけはじめてすぐに、この夢をみている。

普通、私たちは、夢に注意を払わないから気づかずに過しているが、身体をこわす前とか、異常な体験をする前には、予知の夢をみている。その夢に従って、実生活の中で対応する行動を起こせば、夢との対話がだんだんスムーズになってくる。

一例として、夏の初めに私のみた夢——。

冷蔵庫を開けると、中のオリーブ油のビンが傾いて、油がダラダラとこぼれた。ティッシュで拭きとろうとするが、ティッシュが足りない。そのうちビンが倒れ、大量の油がドッと冷蔵庫の外へ流れ出す、どうしよう。

私にとってオリーブ油は、健康食品であり、またオイルマッサージにも使うので、健康を保つことの象徴と言える。それが倒れ、流れ出しているのだから、健康への注意を促している意味になる。冷蔵庫は身体の冷えを、少ないティッシュは寝具の足りないことをそれぞれ意味している。当然、私は毛布を掛けるという対応をした。

ある母親がこんな夢をみた――。

耳かきが、真中から折れて二本になっている。それが、平行に並んでいる。

その日の午後、外国で生活していた最愛の息子が、お嫁さんをともなって帰って来ることになっていた。耳かきの先端と柄が平行に揃って並んでいる象徴は若夫婦。また耳かきは折れているのだから、耳の穴をほじるようにして、アレコレうるさく聞かないで、サラリと迎えなさいという意味。

名古屋で夢のセミナーが開かれ、質問があった。

「夢の中の電話は、ナゼ通じないのですか。」

その方によると、今まで何人かの人に聞いてみたが、全員、夢の中の電話は通じないと言ったそうである。別の人も、電話機が壊れていたりして、夢の中ではかけても通じないと応じた。

夢は、自分自身の思いと態度をみているというのが原則。そこで、これは自分の言いたいことが伝わらない、先方に届いていないという意味で、生活の中で、自分の考えをしっかり伝える工夫が必要である。

夢は自分の仕事のヒントも教えてくれる――。

私が、四人の人を治療しようとしている。三人の男性と一人の女性。男性の一人は骨盤にひずみがあって、左右の足の長さが五センチも違って見える。その男性の仙腸関節に、自動車のキーのようなものをさし込んで治そうとすると、その人の身体がうしろへそり返ってくる。

四人の人とは、食事、排せつ、脊柱の調整という三人の男性と、心の態度という一人の女性。病気を治すということは、この四つを正常にする必要があるという意味。そして、脊柱の調整のキーは仙腸関節にあると、治療のためのポイントを教えてくれている。うしろへそり返ったのは、収縮していた腰が伸びた状況を表している。

もちろん、この夢は、夢に現れた本人だけのために、治療する私に与えられたメッセージなので、他の治療師の場合の治療のキーは骨盤ではなく、頭蓋であったり、頚椎であったり、足の裏であったりする。

このように、一人の人の一つの症状を治す方法はいくらでもあるわけで、治療師はそれぞれに、自分の個性と、現時点で持っている技術を用いて人々を治療している。


ある奥さんの夢の最初の部分――。

夕暮のキャンプ場。二、三十人の人たちが群れている。自分は少し離れた流し場で、ポツンと一人、ゴミを袋につめている。小学生の時に同級生だった男の人が好意を持って見ていてくれている。そして真赤なリンゴを二つくれた。


次の例は、手術後、二、三日経ってみた若奥様の夢の一部――。

お祭りの晩、賑やかな方へ行ってみる。みんなが棒のようなものを持って、縦に振って列をつくって歩いている。自分もそのあとにつく。池に出ると、あらかじめ決められている男女がペアになり、池の中で踊る。自分の相手は大男で、あまり口をきかない。ほんとうに、この人とペアなのかと不信感があるが、水の中では身体が浮いて、男性のリードもよく、自由に踊って、満足感があった。

二つとも、女性がみがちな夢で、自分の中の積極的に行動するという男性性が、健在に働いていることを示している。お祭りで、棒のようなものを縦に振るのは、自分の中の男性性が、意気揚々としているという意味。

次は、潜在意識が夢の中の声で言葉をかけ、現状から脱するよう指示している夢。

地下鉄に乗っている。表に出られませんよ、と声がする。なんとか這いあがって行くと、そこに、自分に必要な、もう一つの解決する課題があった。

夢の中で、この人が地下鉄に乗っているのは、目的がないまま、行先もはっきりしていない暗い人生を生きているよ、という意味。また、意を決して、何とか這い上がって行っても、自分がハッキリさせている明白な目的・課題がなければ、それをやり遂げる意志を持つことも、どうやってやるかという準備もできないよ、と言っている。

私たち一人ひとりを、協調という音楽を奏でる弦楽器と考えると、夢は、日々に、私たちの調律されている弦と、調律が必要な弦を教えてくれている。

第4章　夢のガイド

――エンゼル「リア」登場

私がみた夢。

見事に咲いている花菖蒲の根元を清流が洗っている。遠くに龍宮城が見える。そこに向って、八つ橋を渡って行くと、白ヒゲの老仙人と出会った。ひざまづいて、巻物をもらった。これは名前に関する巻物だという。

花菖蒲と八つ橋は、潜在意識が、日頃から、生活の足元に注意しているので、今の生活が調律されていると肯定している。龍宮城は、理想の生活。白ヒゲの老仙人は、自分の中にある永遠を生きている意識。花と清流は、その意識の状態。一人ひとりの名前に関する巻物は、一人ひとりのコトバの働きの記録。巻物のコトバで表しているのは、霊的な理想の体験。

コトバは、祈り。大宇宙の存在の始まり。私たちが決める目的。目的は、これからの自分たちの体験をハッキリさせる選択。私たちの日ごろの考えも、コトバでするもの。

私たちは、自分の目的をハッキリさせて、こうすると決めたら、心身の全部を使って、「知恵と慈しみの、私たちみんなのこれからの体験を造る、活き活きした調律の働き」を信頼して、オマカセし、感謝し、行動する。

こうして、自分が決めた言葉の選択と、その体験を記憶して、自分を、「知恵と慈しみの働きそのもの」に昇華して行く。その体験がしたくて、このオモシロイ（存在感）人生をやっている。

私たち人間は、自分が、自由に、コトバで選択し、その選択を体験し、それを永遠に記憶・記録するという働きを請け負って、生命の働きのお役に立っているオモシロイ存在。

私たちの魂体は、肉体を持って生活している私たちに、夢で、現状の確認、評価、警告はするが、決して、非難、批判、疑い、否定、命令などで対応はしない。

今、私たちが、こうして、時間と空間の世界で、肉体を持って生活しているとき、体の骨格、筋、消化器系、呼吸器系、泌尿器系、生殖器系、内分泌系、循環器系、神経系、感覚器系などの意識が、お互いにコトバで協調して働いて、活発な生命現象を展開しているように、潜在意識と、顕在意識の間で連絡し合うときも、また、夢をみるという生命現象の中でも、それぞれの意識がお互いに、非難、否定、批判、疑いのコトバで連絡し合うことは、決してない。

ただし、それぞれの働きが協調・協力できない状態になったときには、「信頼感」というコトバでの対応を促される。

これから、皆さんを夢の世界にご案内する役の、私の潜在意識（魂体）は、こうして読んでいただく皆さんが、オモシロク感じられるように、擬人化して登場するので、私の顕在意識（メンタル体）とのやり取りに、敢えて、冗談、非難、批判、否定、疑い等を交えて、楽しくご案内して行く。

これらは、肉体を持って生活している私たちにも適用されている。日常の生活の中では、ごく普通の薬味のきいたドキドキする楽しいやり取り。

もちろん、存在の源である超意識は、「信頼感」そのもの。私たちの生活体験を、そのままそっくり受け止めて信頼しているので、いつでも（永遠に）、私たちを、生命の知恵と慈しみの働きに調律し、協調するという対応をしている。

そこで、どんなときにも、私たちを非難、批判、否定、疑うことは、決してない。

パッと言えば、「信頼感」とは、時間と空間の世界で成長するという体験をしている私たちが、うまくやれないときに、コトバで、ダメ、ダメ、ダメと非難、批判、否定するのではなく、生命の働きの信頼感を基に、私たちに現状を説明して、「これから、どういうオモシロイ体験をするの？…」なのだ。

私たちの現状を、夢や、第六感で教えてくれている潜在意識も、私たちに提案をするが、命令はしない。当然、私たちを、非難、批判、否定し、疑うことは、決してない。

そのことを踏まえた上で、私の夢に、私たちをヨロコバセル立役者が登場する。

こんなこと考えられる？

あのかわいいエンゼルが、タバコを吹かしているんだ――。

大きなガッシリとしたトビラの向う側からこちら側へ、五、六歳の子供が、何の抵抗もなく、泳ぐように通過して来て、横向きで、片膝ついて、クワエタバコを口から離して、フーとばかりに煙を吐き出した。

子供のくせして、と思って近寄ると、こちらを向いた。なんとそれが、背中に白い羽をつけてはいないが、まさに、エンゼル。そして、青く明るい瞳で私を見てこう言った。

「タバコは、身体に悪いと言いたいんだろ。どうもありがと。でも、ボクには身体がないんだ」

そのマブシイばかりの無邪気な笑顔に、私の口は開いても声にならない。

「ボク」とエンゼルは言ったが、どう見ても女の子だ。確かめたくても、そのあたりは薄いヴェールで覆われている。すぐに返事が返って来た。

「ボクは男でも、女でもない。このトビラのこちら側だけに、男女の区別があるのさ。ところで、どうやら、私が女の子であってほしいようね。いいわ、女の子にしているから」

「トビラの向う側は…」

「トビラの向う側は死後の世界、と言うとコワイかしら。夢の世界と言ってもいいわ。肉体を脱いで通れば、死という体験をする。肉体を眠らせて通れば、夢という体験をする」

「いったいオマエは…」

「私は、あなたの意識なの。よく覚えておいてね。あなたは、私たちの浅い部分の意識で、私は、私たちの深い部分の意識よ。あなたの肉体は、あなたの、と言っても、私の、と言っても同じ、私たちが、この地上で自分を表現する道具。私たちのお宿または乗物。私たちの最も浅い意識の影という感じね。でも、この肉体の中には、宇宙の秘密がソックリかくされていて働いているわ」

だいたい、エンゼルなんてのは、羽が生えた赤ちゃんで、ラッパを吹いて神様のお先棒をかついだり、弓矢を持って恋のイタズラをしたり、花とタワムレテいるもの。

トコロがドッコイ、このエンゼルには、羽もなければ頭上のリングもない。その上、私の恋のオアイテを探す気なんてサラサラない。ついでに名前もない。でも、空中に浮いていて、私に用事があるときは、私が自分の眼をどこに移しても眼の前にいる。

そして、用事がなければ、近くにいるくせに姿を見せない。

でも、こうして眼前にいて、話をするとなると、名前がないのは不便。そこで、こちらで勝手に名前をつけて呼ぼう。リトル（小さくてカワイイ）・アンヂェロと、南欧風にシャレ、呼びやすく「リア」では…。こう呼びかけたって、関心がないのか、奥が輝いているブルーの瞳は、ジッとみつめるばかり、何も語ろうとはしない。

この「リア」と名付けた意識は、七変幻。鼻もうごめかせば、眼を三角にもする。ときには、まつ毛いっぱいに涙を溜めるカワイサもある。一方、黒々とした角を生やし、長いシッポの先にあるピカピカに研いだ矢印を、クネクネと振ってみせる恐ろしい存在でもある。

声だって、子供の声から、成人男女の声、動物の声から、鬼、悪魔の声まで、何でもゴザレ。身体の大きさだって、ビルの上に突き出ていたり、遠くの家のテレビの画面にオサマッテいたりする。

　この、私たちの深い意識である「リア」こそ、眠ってみる夢の製造者、潜在意識。当然、私たちの夢には、潜在意識であるリア自身も様々な形をとり、姿を変えて登場する。


　リアのレッスンの始まり――。

　リアがトビラを透して来て、私の意識の中にハッキリした姿をみせたのは、あの花菖蒲の夢をみての後だった。

　この時、私は、大勢の人に「夢」を活用してもらいたいと、自分が、実際に夢をみて、その体験を本に書こうと決意して、布団の中でうつ伏せになって、原稿用紙に、その始まりを書き始めたばかりだった。

　ところが、妙に神経が高ぶって、まだ眠っていないのに、この夢をみた――。

「なんで、エンゼルがタバコを吹かしたりするんだ？」

「ビックリさせなければインパクトがないもの。私の方から重大なメッセージを、急いで伝えたいときは、トンデモナイ画面を見せたり、こわいストーリーでオドカスの。効果的でしょ。多くの人々は、夢に関心を示さないし、そこに盛られている潜在意識からのメッセージを認めてもいないわ。

　人間って、肉体だけの存在じゃない。意識なのよ。肉体は意識のイレモノか着物。人間の本体は意識と考えれば、夢という意識現象にも意味があるはずね。

夢はツジツマが合わない、夢の中では、トンデモないことが起きるから、あんなのナンダと考えているわね。地上の人生だってそうじゃない。トンデモナイ事件が起き、病気になり、身内から疑われ、まわりから疎外され、弱気にさせられる。自然災害も、戦争も次々に起っているわ」

「で、何を言いたいの？」

「この肉体を持った地上の一生は夢なの。あなたが、リアと名づけた潜在意識がみせている夢。トンデモナイ事件が起きても、これは、リアがみせてくれている夢だとわかっていれば、対処のしかたも違ってくるわ。人は、生の後に死があるから、生の中に苦しみがあるから、自分の存在が気になるの。それが、ほんとの人生に気づく予兆。

難しい話はあと。夢には意味があるのよ。例えば、今朝の夢……座布団の上に、濡れた折りたたみ傘が二本置いてあった…。折りたたみの傘は、あなたが、つねひ日頃から携帯しているものので、日常の意味。濡れたまま、座布団の上に置かれているのは、ビックリさせて、この夢を覚えさせせているの」

「この夢は、リアからのメッセージなの？」

「そうよ。そして、この夢には、とても大切な意味があるわ。日々に、家事全般を預かるお母さんにとって、座布団をきれいに、ふっくらさせておくのは大切な仕事。

気がついていないでしょうが、あなたが、いつも、家で、自分が困ったときに、お母さんを、大声で、カサ、カサと二度呼んでいるわ。そこで、傘が二本ある。お母さんは、家族ばかりか、身の回りの人々のお役に立ちたいと、朝から晩まで働いているわ。

ねえ、日ごろから、私たちのお役に立つように働いているお母さんを目的にして、いつも、私たちの肉体を通して、シッカリと、感謝を感じながら生活しましょうね。

アリガト。その感謝は、古今東西の全てのお母さんに、自分が感じてさし上げるもの。

祝福も同じ、私たちが、お母さんを目的にして祝福を感じるとは、祝福の働きを自分の肉体を通して、どんな感じかな…と、静かに、今の働きと一緒に観じる感動の体験。

私たちは、みんなで、同じ生命、同じ意識を生きている祝福の働きそのもの。

もう一つ大切なこと。私たちはみんなで、時空を超えて、同じ一つの生命・意識の働きを生きている。ここでは、その働きを、生命の知恵と慈しみの、私たちみんなのこれからの体験を造る、活き活きした調律・協調の働きと言う。この調律・協調の働きを簡単にして、〝今の働き〟とか、〝存在としての今〟とか、〝今のコトバの働き〟とも言うわ。

その、総てなので、一つである〝存在としての今〟が、調律、協調・協力・お役に立つ・感謝・オマカセ、信頼感などを、具体的に体験したくて、『一つの存在である自分自身』を分割し、男女、親子、兄弟、仲間を体験している人間を造ったの。

私たち人間は、お互いに、その体験がしたくて、みんなで一緒に、それぞれの人生をやって、存在としての〝今の働き〟のお役に立っている。

イーイ。私たちは、誰でもみんな、同じ一人のお母さんから生まれ、育てられているのよ。

そのお母さんは、生命・意識の知恵と慈しみの、私たちみんなのこれからの体験を造る、活き活き、活き活きした調律の働きの中でも、〝慈しみの働き〟の象徴的な働き・存在。

世間のお母さんは、この地上で、肉体を持って、子供を生み育てるという『生命の知恵と慈しみの働き』を、自分自身で選択して、それを具体的に体験しているの。

そして、いっぺん、自分の子供のお母さん役を選択し、体験したお母さんは、その一生の体験が、そのまま、永遠の記録（記憶）になる。


と言うことは、これからも、ズゥーッと、〝今という働き〟と一緒に、自分が産み育てている子供たちのお母さん役を、永遠にやってくれるのよ。うれしいじゃない。

困ったときには、そのお母さんを、オカーサンと呼んで、全ての人のお母さんや、今この時の我が家のお母さんの手の温もりを、背中で、アッタカイナーと感じて、アリガトよ。ヤッテね。

こうして、いつでも、オカーサンを感じて、感謝しながら生きて行きましょ。

私たちが生まれる前に、自分たちでセットしておいた今生のお母さんは、その感謝の手強い練習台。永遠を生きて、今の働きと一緒に、これからもずっと、無条件で、私たちのために働いている、あの全ての人のオカーサンの優しい手の感じを、心を鎮めて、アッタカイナーと、具体的に観じるための貴重な、そして、難しい練習台。

これが、いつも、時空のヒロガリ（一体感）を感じて生活しているという、今と一緒の、貴重な体験。すぐに、上部頚椎で、全ての人のオカーサンにアリガト。

私たちの生命・意識は、これからの私たちの、その選択と、その体験を静かに待っているわ。

自分が、これから何を体験するのか、目的をハッキリさせたら、私たちみんなのオカーサンを呼んでね。そこで、全ての人のオカーサン役を演じているこの今の自分のお母さんは、いつも通りに、カサ、カサ、カサと呼んでもいいわよ。

また、困ったことが起きたら、全ての人のお母さんの手の温もりを背中に感じて、すぐに、アリガトと感謝してね。お家の母さんも、永遠に、私たちのお母さんなのよ。ということは、私たちのお母さんは、同じ一人の方。

困ったとき、心身がすぐれないとき。自分の背中に、オカーサンの優しい手の温もりを感じると、全ての人のオカーサンの、私たちの目的への具体的な対応にビックリするわ。

感謝を日本語で言うと、アリガトでしょ。それは、自分が、感謝のコトバの体験を選択し、体験しましたということ。

そのアリガトと言うコトバを、具体的に、自分の肉体を通して体験するのが、私たちの感謝の人生体験。

お家のお母さんは、生まれる前に、魂体が選択した、その感謝の体験の大切な、大切な、〝私たちを生み育て、巣立ちを促している母性性〟。

巣立ちとは独立して生活すること。いつも、目的をハッキリさせて行動し、その結果に責任を持って生きていくこと。その力をつけるためのキツイ練習台が、お家のオカーサン。

それでは、これから、その感謝の練習。まず、お母さんと言うコトバ（目的）。

次に、私たちのために働いておられるお母さんの日常のお仕事への感謝と、愛情への信頼感。

これは、とても大切な、無条件の体験。〝アリガトというコトバを上部頸椎で感じる〟。これが、全ての人々のお母さんへの最大級の感謝の体験。

そのアリガトというコトバの感じを、どんな感じかな…と、永遠の今と一緒に観じるの。身につけてね。

私たちの目前にいる練習台のお母さんについては、いろいろと考えて、そのお母さんをナントカシヨウとはしない。私たちが生まれる前に選択し、日々に、いろいろと、面倒をかけているお母さんは、あの知恵と慈しみの、私たちみんなのこれからの体験を造る、活き活き、活き活きした調律の働きを、ご自分で体験しようとされておられるスバラシイ方。そこで、そのお母さんを目的にして、知恵と慈しみのお働きのお母さんに、スッカリ全部オマカセしましょ。

私たちは、練習台になっていただいている自分のオカーサンを目的にして、自分のコトバと肉体で、アリガトと無条件で感謝するという、貴重な自分自身の調律を、毎日、イッパイしましょ。

イーイ。私たちの肉体のお母さんは、私たちが、お母さんと言うコトバを目的にして、オカーサンとハッキリさせたら、生命・意識の全ての人のお母さんのお働きを信頼し、オマカセして感謝するという〝信頼感の調律体験の練習台〟。そこで、世の中には、なかなか手強い、練習台としての貴重なオカーサンがタクサンいるもの。アリガタイじゃない。

イーイ、目的をハッキリさせたら、いつも、世界中の人々を産み育てている、あのお母さんの手の温もりを、胸椎の2番に、アッタカイナー。その温かみを、どんな感じかな…と、静かに観じて、アリガトと、頚椎を伸ばして感謝する。これが日々の調律体験」

さて、「今の調律の働き」の通り道である私自身の日ごろの感謝は、こんな具合。

私は、自分の体を天と地に分けて、天地を感じている。頚椎から上が天で、胸椎から下が地である。その境は、頚椎の７番と胸椎の１番の間。

「感謝」を、肉体を通して働かせる私の練習法。天は、地にアリガトと言って、ここを緩めて、感謝しながら通過して行く。私は、全身で感動する。地は、天にアリガトと言って、ここを緩めて感謝しながら通過する。私は、天と地の働きが、自分を通して行われているのに、全身で感動する。天と地は、どちらから始めてもよい。

また、私は、身の回りの人々にアリガトを言うときには下部頚椎を伸ばしている。「今」の調律の働きにアリガトを言うときには上部頚椎を伸ばす。自分にアリガトを言うときには頚椎全部を伸ばし、そこにヒロガリを観じながら感謝する。

私は、治療師なので、皆さんに、私たちの肉体の位置を示すのに、胸椎の２番とか、腰椎の４番とか、尾椎の先端などと言って、コトバでお伝えしている。

「今」は、私たちの「信頼感・感謝・オマカセ・お願い」によって働くもの。

そこで、皆さんは、そのコトバを、例えば頚椎の１番、２番と、そのまま、「今」に伝えるだけで大丈夫。「今」は、何でもよく知っている。そこで、私たちが、目的さえハッキリさせておけば、そのコトバをきちんと受け止め、私たちのコトバに反応して、頚椎の１番、２番で働いてくれる存在。そこで、お願いしたら、すぐに感謝する。その繰り返しが調律体験。

それを、私たちは、無意識に活用している。例えば、目的を「左の腎臓」とすると、私たちは、それが、どこにあるのか、どんな仕事をしている臓器なのかが、わからなくても大丈夫。「今」は、見事に、左の腎臓に働いてくれる。そこで、すぐに感謝する。

また、私たちは、ごく普通に、おなかをこわすとか、おなかを温めるというコトバを使っている。皆さんばかりか、私でさえ、おなかってどこだかわからない。なんとなく、おなからしいところを意識するだけ。それで十分。

私たちの目的を、「自分の家族の誰かのおなか」というコトバにすると、「今」は、私たちの家族のその人のおなかにきちんと働く。

私たちは、コトバで、「今」にお願いする目的をハッキリさせて、自分の肉体のどこか（例えば、尾椎）の今を「どんな感じかな…」と、静かに「今」と一緒に観じて、頚椎を伸ばして感謝すると、簡単に、生命・意識の調律の働きのお役に立つ存在として生活することになる。

大切なこと。人は誰でもみんな、自分のコトバの選択を体験したくて人生を生きている。その邪魔をすると、邪魔をした自分が、誰かに邪魔される体験を選択したことになるので、その邪魔をしない。

そこで、私たちの、具体的な治療の対象、または、ナントカシタイ対象の方は、自分が面倒を見ている方々か、我が家の猫ちゃん、ワンちゃん、それに、頼まれた方々だけにする。

一方。調律は、私たちみんなの超意識（霊体）の働きなので、私は、いつでも、調律の対象働き（目的）を、広く世界中の人々の心身の健康と、目的をハッキリさせて、自分自身を、「今」の働きへの信頼感で調律している。

私は、誰かのどこかが悪いから…と、人々を非難、批判、否定して、その人の悪いところを治してはいない。

目的をその人にして、「今」にお願いし、「今の働き」への信頼感を、「どんな感じかな…」と、「今の働き」と一緒に観じて、自分の肉体（音叉）を、「今の働き（振動）」に調律する。

繰り返すが、私は、自分の人生の目的を、「今の働き」と一緒に、「世界中の人々の心身の健康に調律している」と、ハッキリさせて、アリガトと言って、オカーサンの手の温もりを胸椎の2番、3番、4番に感じて、頚椎と胸椎と両肩を、前後、左右、上下。そして、左右同時に、左右交互にも、ユラユラと動かし、両眼の後ろ（蝶形骨）で、「オモシロイね」という肉体の喜びの感じを、「今の働き」と一緒に観じて生活するのを癖にして、世界中の人々を、「今の働き」に調律している。

当然、私たちが体験を積んで成長するにしたがって、そのやり方は、どんどん変化する。

例えば、今現在の私は、自分の目的をハッキリさせて、オモシロイねと、肉体で感じ、すぐに、アリガトと感謝するのを、頚椎を伸ばして感じるという癖をつけてあるだけ。

他の人々は、それぞれの感謝の方法を選択し、それぞれの体験をしている。それでよい。それが、「ヒロガリの働き」のオモシロイところ。

こうして、私たちは、生命の知恵と慈しみの調律の働きへの信頼と、オマカセと、感謝の体験を積み、その自分の選択と体験をタクサン記憶・記録して、世界中の人々の健康のお役に立って、活き活きと生きる調律の人生を体験する。

すると、その記録・記憶が、これから、地上に生まれてくる人々みんなのお役に立つ。それがまたオモシロイ。

私が、「オモシロイ」と、喜びを感じたとき、一瞬で、瞳孔が開いて、顎が挙がって、唇が開き、両肩が動き回る。これは、考えることではなく、感じるもの。これが、世界中の人々の心身の健康法や、調律法として、積極的に観じ、活用している私の体験。

第5章　目的をハッキリさせる

——お役に立つために…

私が、六十五年以上もケイシー屋さんをやっているというのに、この今でも、「目的をハッキリさせる」という体験を説明するのに、ズーッと、苦労している。

分かっていることは、目的は、自分のコトバである。自分の外にある人とか物事をドウコウさせる、ナントかするのが「目的」なのではなく、自分のコトバを、「今」に、ハッキリさせるのが「目的をハッキリさせる」なのだ。

目的をハッキリさせたら、「今の働き（信頼感）」を、自分の肉体で、「どんな感じかな…」と、静かに観じて、自分のメンタル体と肉体を、「今の働き（信頼感）」に調律する選択と、その「体験」が調律人生。

生命・意識は、何でもよく知っているので、私たちが、この今、何を目的にしたかが、すぐに解る。そこで、私たちは、「今」に、自分たちがハッキリさせた目的をどうしてくださいとか、こうしてくださいと言う説明はいらない。

例えば、「下痢」と言えば、すぐ、「下痢」に働くので、「ハイ・アリガト」と、感謝する。右肩と言えば、右肩だけに働いてくれる。すぐに、「ハイ・アリガト」と、感謝する。もっと簡単に、「この人の、ここ」と言うだけでも、その人のそこに働いてくれるので、結果は全部オマカセして、すぐに、「ハイ・アリガト」と感謝する。

こうして、自分の目的のコトバをハッキリさせたら、自分が，生命・意識の知恵と慈しみの働きを「信頼している」という、自分の「実感」に、自分を調律する。

生命・意識は、私の目的のコトバに、すぐ働いてくれるので、私が、目的をハッキリさせてお願いしたら、サッサと「ハイ・アリガト」と、首筋を伸ばして感謝する。

ということは、私は、治療師の資格を持って人々を治療しているが、実際には、皆さんの具合の悪いところを、治して治療するというよりも、自分のコトバで、目的をハッキリさせて、「生命の知恵と慈しみの、私たちみんなの、これからの調律の体験を造る、活き活きした働き」を信頼して、その働きにお願いし、その働きが、私の心身を通過するのを、「どんな感じかな…」と、「今」の働きと一緒に観じて、自分と皆さんを「生命・意識の知恵と慈しみの活き活きした信頼の働き」に調律している。

また、私は、自分の肉体で、「信頼感」を感じて、「ハイ・アリガト」と感謝して、自分自身を「信頼感」に調律する。すると、皆さんの調律は、大宇宙の「信頼感」がする。

私たちは、大きな楽器に張られた、人間という弦の集まり。私が、自分の目的を、どの弦と、調律が必要な弦をハッキリさせて、自分の弦で、生命の知恵と慈しみの働きという音を奏でると、目的の弦が調律される。

そこで、私は、遠くに離れている方々でも、一回もお会いしたことがない方々でも調律する。さらに、見たこともないネコちゃんや、ワンちゃんたちでも、ごく普通に、調律している。

今までに、沢山の猫ちゃんたちを調律しているが、面白いことに、ネコちゃんたちは、一匹も、私の治療院に来たことがない。ところが、ワンちゃんたちの中には、私の治療院に来てしまうことがある。もちろん、そのワンちゃんの魂体がやってきちゃう。

ある時、電話で、名古屋のワンちゃんの治療を頼まれて、東京の私の治療院で治療しようとしたら、そのワンちゃんが、とても大きな体の犬だったのでビックリ。すぐに、飼い主さんに電話して、私のところに来た大きな犬が、お宅のワンちゃんかどうかを確認したことがあった。

——地上の体験

魂体は、潜在意識レベルの体。永遠の生命を生きている。魂体には個性があって、肉体、メンタル体と一緒にして、エンティティ（Entity・一つにまとまって働いている存在）とも呼ばれる。

エンティティは、自分の選択を体験するために、肉体と顕在意識とともに、その個性を地上で表現する時期がある。今の私たちが、その時期を生きている意識で、物質世界の中で、自分が選択したメンタル体と肉体を通して自分らしい個性を表現し、それを体験している状態のエンティティなのだ。

魂体は、「時間と空間」の次元に属していないから、年をとるということはない。時間と空間の地球に属している肉体の影響を受けないので、老いることなく、いつまでもエネルギッシュに活動している。

魂体の仕事は、エンティティとしての体験の全てを記録（記憶）し、比較し、査定し、予測して、その結果を肉体生活の環境や、夢、第六感として、メンタル体や、肉体の方へフィードバックすること。この全ての記録（記憶）は、決して失われない。

私たちは、自分は泳げる存在だと知っていても、体験がなければ、泳ぐという状態がどういうものか、本当には、ワカラナイ。どうしても、プールに入って、アップアップして、水をたくさん飲んだあげくに、やっと泳げるようになるというわけ。

同じように、魂体が、こういう場合は、こうしたらよいとわかっていても、それをやってみるという体験がない限り、私たちの魂体自身の記憶・記録になったわけではない。

そこで、肉体と顕在意識という、なかなかうまくできたスウィミングスーツとキャップをお借りし、地球というプールに入って、自分が、あらかじめ決めておいた泳ぐための数多くの体験をして、それを記憶・記録している。

魂体が、この地上で体験したいことは、やさしさ。親切。忍耐。苦しみに耐えつづける。希望の灯を絶やさない。これが魂体の目的。

これらは、地上で苦しみに出遭わない限り、なかなか表現できないもの。

魂体は、私たちが困難の中で、これらを表現したら、それを記憶する。それが魂体の能力が向上したということ。すると魂体自身の輝きが増す。これが祝福の体験。

プールの中で苦しみに耐えつづけ、やがて泳げる能力を獲得するのと同じ。泳げるということは、泳ぐまでの苦労の体験を魂体が記憶しているということ。

一般に、私たちは、それを、「身体が覚えている」と言う。また、「ある能力が、身に着いている」とは、自分が、あることへの対応を、コトバで考えないでも、体が覚えている能力を発揮して行動できるということ。

また、「泳ぐ」という目的が、ハッキリ意識されている限り、「泳ぎを習う」という困難の体験そのものが、実は、その人のヨロコビ。

人生も同様、ハッキリした理想や目的がない限り、人生が、苦しみとしか受けとれない。

同じように、日常生活の中で、過去の自分が、うまくやれなかったときのことや、失敗や、人に迷惑をかけてしまったことなどは、しっかり受け止めるが、苦にはしない。

思い出したら、それを受け止め、すぐに先を見る。目的をハッキリさせ、具体的に、自分がお役に立っている心身の状態を、どんな感じかな…と、神（霊体・理想・今）と一緒に観じる。するとすぐに働く。すぐに、感謝を全身で感じる。こうして、前、前、前。先、先、先が人生。

その体験があって、これからも、自分の目的をハッキリさせて、真剣に、神（超意識）にお願いし、信頼し、オマカセスルという体験をすることができる。

これが、私たちの、お役に立っているという具体的な体験。

そして、最後には、自分が地上に展開させた生活の記録（記憶）と、印象（感じ）の全ては、そっくり神にお返しする。

「今」は、私たちエンティティの最奥に在る意識。これはズーッと、一続きになって、大宇宙に満ちみちて働いているから、総てとして存在しているヒロガリ（一体感）。その連続性が、「今（時間と空間とその働き）」。

その産み出す面を強調すれば生命。生命の連続性（ヒロガリ）が時間と空間と力（働き）を存続させている。ありとあらゆる存在しているものは、全てこの「今の働き」。

エンティティは「今」の表現体として、「今」の一部分を構成している自分と一つ（一体感）。

私たちが、「今の働き」を認め、目的をハッキリさせて、心の底からのオネガイをすると、反応してくれる無条件の救い。一般的には、「神」と表現する存在。

神は、存在という面を強調すれば、全ての存在のエッセンス、精妙なという意味の霊。全エンティティの究極の理想。信頼の対象。大宇宙を創り、維持している法則、秩序、光、コトバ、そして「今」。

エンティティにとっては，地上での肉体の体験を重ねつづけたあとにこそ、神がほんとうにわかるもの。

理屈なし。考えて、理屈を選択すると、それが、これからの体験になる。

神の存在と、その働きを認めて、その働きを信頼して行動する体験が調律人生。

神は、私たちの意識の最奥で、静かだけれども、燃えさかっていて、私たちが気づくのをひたすら待っている生命・意識の働き。

生命・意識とは、自分がここに存在しているという実感。その実感が創造する働き。どの時間、どの空間にも在る力。

私たちが、その実感に、コトバで、目的をハッキリさせると、今、ここで燃えさかっている創造するエネルギー（神）が、自動的に働いて、私たちのハッキリした目的を具体的に現実化する。

現実化する方向性を駆動するのは、私たちの意志・意図。

意志的に、意図的にイメージするのが相（スガタ、カタチ）になる心。「想い」。

この世の中は単純。化学工場や実験室で物質をその性に応じて変化させるには複雑な工程がいるけれど、意識・生命・心の働きを人生に応用する方法は簡単。信頼して、お願いし、オマカセして、感謝する。すると、神は、無条件に働いて、結果を出してくれる。

その静かな、ものすごいエネルギーを実感しながら、一緒に、必要な行動をする。

すると、求めたものは自動的に体験せざるを得なくなる。それが法則、秩序。私たちがほん気で求めると、自動的に、それを体験する調律。オオモシロイ（存在感）。

これは、まったくあたりまえの事実。そこで、求めたらすぐに祝福、感謝、感動する。

世の中の人は、皆、自分の求めたものを法則どおりに、自分のものにしつづけ、それを体験している。自分の求めないものに出会ったとしたら、それは宇宙の秩序に反すること。だから、誰でも、間違いなく、過去に、自分が求めた生涯を、これから生きて行く。

このときに注意。私たちは意識という存在なので、自分自身の想いに出会うだけ。繰り返して思うことと、積極的に願ったものにしかなれない。自分のために願った想いに、自分が出会うのはもちろんのこと。人のために願った自分の想いにも、自分自身が出会って行く。

私たちは、みんなで、同じ一つの生命・意識の働きを生きている。

私たちは、他の人に対する自分の想いにも出会って行く存在。

与えたものが与えられるというわけ。それなら、他の人たちを目的にして、自分の想いの中でも最高の想い（理想）を、肉体を通して感じる体験が、創造するエネルギーへの最高の贈り物。これが調律。

こうして、他の人をどう想おうと、その結果は、自分の未来の生涯の中に間違いなく現れる。日々に、その法則を自分の体験とし、その体験の記録と印象の全てを最後には神にお返しする。お返しするとは、自分の心身が、ただ、神の通り道になること。

神は、人が求めたものを無制限に与える存在。ほんの少しも出し惜しみしない。それなのに、人はどうでもよいような目先のものを求めて、それを自分のものとしている。

他人への悪意や非難を求めて、それを自分が体験している。心配を求めて、心配した通りの人生を生きて行く。

身近な人を変えようとすると、人から自分が変えられてしまう。

自分の理想をハッキリさせていないと、つい目先のことしか求めない。どうせ与えられるのだったら、この宇宙の最高のもの（理想）を求めるとよい。人は、それ以外のどんなものを求めて、それが与えられても、満足することはない。その最高のもの（理想）を体験するのが、私たちエンティティにとっては、無条件の喜び。

最高の理想って、私たちの最奥の意識。そこには、二千五百年前の仏陀の意識も、二千年前のキリストの意識も、今、ここで、活き活きと働いている。それを自分の最も大切な理想とし、それが、この今、自分の心身を通して働かれていると感じる。

さらに、自分がそのように行動する選択をする。そして、積極的に、自分の体験を人々のお役に立てる。

その体験の記憶（記録）を持った魂体が向上した魂体と受け取られるもの。

なぜって、神と人を愛した人が愛される人。身近な人の中に、輝きを実感した人が輝いている人。身近な人が、神に向かって向上するのを真剣に願った人が、向上した人になるから…。

私たちは、自分の心の癖で、自分を含めて人々を、ダメ、ダメ、ダメと言って非難、批判、否定しなければ、誰でも、このままで、理想の通り道。今日も一日、ダメの通り道にならないでね。

第6章　最高のもの

——リアと話をする

私「求めるものは、必ず与えられるというのが、この世の秩序だね」

リア「確実よ。まずは、目的をハッキリさせる。そして、理想（知恵と慈しみの働き）への信頼感。そして感謝。次に、体験のための行動。例えば、水泳を身につけると目的をハッキリさせたら。過去世で泳いでいた自分の記憶の感動と感謝、水泳の達人たちの泳ぎをみて、まさに自分が泳いでいるように実感する。

次に、体験を積むこと。泳げるようになりたければ、水着を求め、プールに入って、顔を水につけて、水の中で眼を開いて、バタ足をやって、両手の動きを覚えて、息継ぎをやってと、一つひとつの手順を、忍耐（理解・愛）とともに、積極的にやりつづける行動の体験をつめば、必ず泳げるようになるわ。無心。生命・意識の働きにまかせて、今できることを行動するのがコツ。

小さい子供は、初めてスキー場に行って、教えられなくても、直ぐに上達するわ。そうそう、私たちが、初めてスキー場に行った時も、初めの日は、リフトに乗って上がっても、怖くて、一メートルも滑れなかった。横滑りを繰り返して、やっと降りて来た。でも、すこしも滑れない自分を、そのままに受け止めてオモシロガッテたわね。そして、目的を連続小回り回転にし、立っていても、歩いていても、座っていても、寝ていても、一日中、その動きを体に覚えさせるようにした。

例えば、トイレに座っていても、まず、腰椎の４番を伸ばして、両膝を引き挙げながら、両足の位置を変えて外足の内側荷重にする。それから両膝を伸ばし、その喜びを上部胸椎に伝え、頚椎をよく伸ばして、蝶形骨でヒロガリを感じる動作を繰り返したので、体が、すぐにその動きを覚えたわ」

こうして、三日目には、みんなの前で、連続小回り回転で滑り降りて見せた。これが、私の、百歳になってもスキーをやっているぞという、いつもの口癖の原点。

そして、いつでも、どこにいても、世界中の人々の心身を健康に調律する方法の原点。

さらに、臍部と両肘と頭の位置を変えないで動くゆらぎ方という調律体操の原点。

今でも、私は、寝ていても、起きていても、座っていても、スキーの動きをする。当然、いつでも、皆さんの前で、連続して、ピョン、ピョン飛びながら、クルリと方向を変えるスキーの動作をやってお見せしている。連続して何回やっても息切れしない。こうして、皆さんと一緒にオモシロガルのが、私の調律人生。

大切なこと。目的をハッキリさせて、それを体験したら、すぐにアリガトと感謝する。感謝するのも、立派な調律人生。

こうして、いつ、どこにいても、毎日、世界中の人々の心身の健康と、自分の目的をハッキリさせて、こうしてスキーや、ゆらぎ方、ヒロガリを観じるなど、自分の得意な動きをして、その肉体の動きの感じを、どんな感じかな…と観じ、すぐに感謝していると、自分を含め、世界中の人々を健康にしている調律屋さんになってしまう。

――話は続く

私「でも、リア、私たちが求めても、体験できない場合がたくさんあると思わない？」

リア「思うわ。例えば、世界平和を求めながら、頭の中は、憎しみ、怒り、復しゅう、自分勝手がいっぱい詰っている。いつも、自分の肉体はそれらを感じている。すると、これから、それらに出会って行くものだから、世界が平和になるなんて無理な話じゃない。

願いが叶えられる時期が、ずっとあとになる場合もあるわ。来世にも、来々世にもね。でも、多くの場合は、ホンキで求めていないからよ。ホンキだったら、心の底からの決意に燃え、全身で感動をこめて求める。そして、自分の肉体をユリ動かして、それを、どんな感じかな…と、今と一緒に観じる。そして、目的を体験するために、積極的に行動する。

イーイ。『行動すること』。これが一番大事な選択。これが人生。

リアは潜在意識。表面の騒がしい心を、最高に静かにしたとき、そこにある意識よ。メンタル体と肉体が、潜在意識を感じるのは、肉体の五感から表面の意識を離した時。そこにある存在感がそれ。

今が、オモシロイねという感じ。そして、積極的には、大宇宙の存在のお役に立っている感じ。

チョットやってみない？　部屋の温度や寝具を整え、身体を気持よく落着かせるために大きなノビを二、三回する。それから二つ、三つ大きな息をして、次に自分を静かに眠ってしまう状態に保ってみる。身体がいかにも眠っているフリをすればいいの。そして、閉じた眼で、胸と頭を含めた顔の前面に広がっている意識の空間をみつめる。音のない音に耳をそば立てて聞く状態とも言える。

目的をハッキリさせた上で、こうして、自分がどうこうしようと努力するのをすっかりやめて、おマカセしますという気になったとき。そして、自分の理屈をワキの方へ押しやって『知恵と慈しみの働き』に全託し、感謝したときに問題を解く夢をみるのね。それに、自分の問題がどこにあるのか知らなければ、解答の夢はないわ。

求めるときに、注意をしなければならないことは、自分が気になる人が、こうしますように、こうなりますようにと、その人を変えるようには求めない。

その人のことは、今のお働きに、スッカリオマカセしましょうね。

その人を目的にしたら、この今、自分を通して働いている生命・意識の知恵と慈しみのお働きが、頚椎の7番と、胸椎の1番の扉を通って行くのを、どんな感じかな…と観じて、すぐに、頚椎の1番、2番でアリガトと感謝してね。

前にも言ったでしょ。最高のものとは、私たちみんなの魂体の創り主、それを神と言おうと、仏と言おうと、ずっとひとつづきになって存在している摂理、法則。それは、創造するエネルギー。それ自身が心と意志を持つ意識。その活動と表現は、生命・意識の働きと呼ばれている。その生命・意識の働きの連続性が、時間と空間と力を存続させ、私たちが生活しているこの大宇宙になっているというわけ。それは、私たちの意識として、心として、コトバとして働いている光よ。それが、私たちの想いを、私たちの実際の体験にしてくれる創造の働き。私たちの理想。

人は誰でも、目的をハッキリさせたら、理想の力を認め、心の底から、アリガトと感じると、必ず、それを体験するもの。——ハイ・アリガト——は——開けゴマ——と同じマホーのコトバ。この言葉の後に、オマカセと言って、首筋を伸ばして、両肩の重荷をおろしてね」

「じゃ、最高のものだけを求めて座っていればいいわけ?」

「求めたら与えられるから、ホンキで感謝し、それを、この今から行動しなきゃ」

「行動する元気がでなければ…」

「最高の生命の働きの元気という通り道になるといいわ。自分がどうこうしようとするのではなくて、温かい心を持つ創造のエネルギーという、自分の最奥にいる最高の力に、目的をハッキリさせてお願いする。

この心底からのお願いは、自分の内に向っていく消極的な引く、奪うではない。私たちの心の底にもともとある最高の力に、どうぞお願いしますと言って、そのエネルギー(「今の働き」)が、自分の肉体を通して、出て行くのを感じる体験。それにマカセテみると、それが外に向っても、自分に向っても働いてくれる。

例えば、力が湧かないときにも、お願いすると、その意識が働き、グッスリと眠らせて、心身をリフレッシュして、その力を体験させてくれるもの。こんなとき、自分が頭で考えて、どうしよう、こうしようとしても、なかなかできないわね」

「でも、最高の力はゴハンを食べなさいと言ってくれないし、コイビトも与えてくれないじゃない」

「大丈夫よ。必要なときには、おなかをへらしてくれるし、年頃になったら、セツジツにコイビトも欲しくなるように、うまく工夫してくれているわ」

「じゃ、コイビトが欲しい。これはセツジツだぞ」

私が勢いこんで、リアの明るいブルーの瞳をのぞき込むと、こちらをジッとみつめかえすばかりで微動だにしない。

「どうしたの。ああ、リアはキューピットじゃないから、そんなことをしないんだ」

「あなたは、ホンキじゃないわ。今は、夢の本を書くのに精いっぱい。コイビトが現れても、カマッテイルヒマなし。リアはホントの意味でキューピット。魂体は、地上で肉体を体験する前に、結婚する相手は、大勢準備しておくものなの。

でも、人によって、求める優先順位があるの。優先順位は、生まれる前に、一生というゲームソフトの中に、あらかじめインプットしてあるわ。あなたの場合はコイビトができにくい設定にしてあるの」

「エーッ」

「ハイ、元気を出して。あとで、リアの中に記憶されている自分の前世を見てみるといいわ。私たちが、どうしてこういう一生を選択してインプットしたかがハッキリするわ。証明して見せましょうか。次の質問に答えてみて。

今晩は予定が何もありません。四つの電話が、かかってきました。

① 今晩、このマンションで、テレビ映画の撮影があります。エキストラとして出演して、有名な女優さんのお相手ができます。もちろん、なにがしかの出演料も入ります。

② 一流のホテルのディナーショーに、若い女性同伴という条件で招待されました。

③ 今晩は、ハイヤーセルフからのメッセージを受けやすい日に当っていると、世界中の占星学者の記録が一致しています。

④ いつも診ているオバーちゃんが、家で倒れ、動けなくなっています。

どう、わかった？　あなたは①や②や③を選ばない人。でも、少しあとに、コイビトができる時期が来るわ」

「では、アメリカ合衆国の大統領になるというのは？」

「大丈夫」

「夢の中で、なんていやだよ。ほんとうの大統領だよ」

「そうよ。アメリカ合衆国が、この空間に存在している時間内には、立派に大統領になれるわ。私が応援するから大丈夫」

「ワーッ、すごい」

「聞いて。私たちが今すぐ、ホワイトハウスの大統領の執務室に座っていたら、これはナンセンスな夢ね。大統領としての能力、経歴、人脈、資金など何もないもの。

　この世は、時間と空間と忍耐というはざまに展開しているから、目的をハッキリさせ、それを想いつづけ、積極的に行動しつづけ、様々な失敗を乗り越えつづけ、それでも目的を失わなければオーケー。大統領になれるわ」

「今からでも？」

「もちろん。今、この場所から出発しなければ、どこから出発すると言うの。今からスタートすれば、来世でも、大統領になるシステムを組めるわ。大統領選は、二月のニューハンプシャーからよ。さあ行くわよ、行くわよ。あら、どうしたの？」

「なんだ、来世か」

第7章　トビラは開けるためにある

――意識のトビラ

私は、兄弟八人のトップである。そこで、家じゅうで、私を、「お兄ちゃん」と呼ぶ。私の大切な方が亡くなられた時。およそ、二週間後の私の夢に、閉まっている扉を開けないで、目の前に現れた。そして、「お兄ちゃん、私ね、今こんなよ」と言って、今の自分の状態を教えてくれた。そして、帰る時も、扉の横の壁を通過して帰った。

不思議なことに、十五年以上、我が家で留守番役を務めてくれていたワンちゃんが死んだ時も、二週間後に、同じように、目の前に現れて、「今は、道端でクン、クンなんかしないんだ」と、死後の自分の状態を話してくれた。

その時も、私がいた部屋の扉を通して現れて、今の自分の状況をお喋りし、私が、居間に戻ろうとすると、廊下を隔てて、互い違いに配列されている扉や壁を斜めに突っ切って、一気に駆け抜けた。そして、居間に飛び込んで、私がいつも座っている椅子の横で、私を待っていた。

――大切な人生を生きる

私「リア、どうして、今生ではガールフレンドができにくくセットしたのさ？」

リア「それはヒミツ。わからない方が、人生というゲームをはじめるのにメゲナイもの。リアは魂体だから、今みている、今生という生涯の夢の体験を細かく全部記憶する。もちろん、私たちが以前にみた、たくさんの前世という生涯の夢も全部記憶しているわ。今から一緒に、いろいろと訓練して、それを、あなたに見てもらうつもりよ。

でも、それには、意識のヒロガリを観じながら、あのトビラを抜けて意識の奥へ入って、アカシックレコードというカセットを、特殊な装置にセットしないといけないの。その役目は、別の魂体（エンゼル）たちがやっているのよ。

さあ、肉体を眠らせ、こちらの時間と空間と忍耐の次元から、あのトビラを抜けて前世の物語と、夢のメカニズムにせまってみない？　まず、準備をしてくるわ」

リアは，空中に浮いたまま、がっしりしたトビラに、サーッと吸いこまれて行ってしまった。近づくと、トビラはぐんと大きくなって立ちはだかる。把手もなく、ボロボロに錆ついているし、カビの匂いまでする。叩いても、コンクリートを叩くようで音もしない。私が、リアと同じように、このトビラを通過するなんて絶望的である。

「リア」と呼ぶと、すぐに、いたずら天使のように目をクリクリさせたリアがトビラを透して現れた。

リア「――で、困ったときには、どうするんでしたっけ。マホーのコトバ。現実の開けゴマは？」

私「エー、最高のもの、最高の力を認めて、お願いします。そして感謝。アリガト」

「それ、やったの？」

「ヒー、忘れた。でも、リアにお願いしますと言った」

「最高のものを認めていれば、それでもいいの。この人生で出会いつづける、眼の前の困難という現実は、過去の自分の、日ごろの想いの結果に出会っているだけ。これは、魂体がみている現実という夢。その困難という夢に、心を固定して、いやだ、だめだ、つらい、みじめ、苦しいとやっていたら、心は、それを造ってしまうから、その想いと実感に、これから先も出会いつづけ、それを体験しつづけるだけ。


肉体は束縛できるし、何かで固定しておくこともできるでしょう。でも、心は違うわ。全く自由で、現実を超えてどこへでも行ける。しかも、心は創造する働きそのもの。今、心で想い、今、肉体で実感している観じが、これからの現実の体験になっていく。

それだったら、過去の自分の想いや、自分の実感の結果として現れている眼の前の困難、苦しみに対しての私たちの対処は、もう決まりね。

実際に、自分はどういう立場に立っているかをよく観察し、分析することは大切。その時でも、心はずっと先、無限を見ていてね。今ここには、無限数の解決法があると実感する。自分は、そのうちのどれを選ぼうか、という態度で、困難をオモシロガルの。

自分を含めて、身近な人を非難、批判、否定する癖という困難に対しては、自分の理想が、自分の心と体を通して、この『今』、具体的に動いているのを実感して、この困難が、自分の大切な踏み台と感じてオモシロガルもの。オモシロガッテ活用するもの。

この人生に困難がなければ、有意義じゃないし、つまらないじゃない。困難があり、その解決法を自分が選べば、それを、これから体験するから、人生はエキサイティング。

で、自分の立場をよく観察し、分析する時も、それを実際の行動に移す時も、自分の心の奥にある創造の働きを、よくよく信頼していてね。そして、肉体を通してアリガトよ。

覚えておいてね。人が体験する、寝てみる夢も、この人生の現実という夢も、醒めてみれば、無。ここで生きている自分は、永遠を活きている生命、意識。それが創造する自由な心を用いて、自分の想いを選択し、私たちは日々、それに出会っている。

人は皆、自分が求めた人生を、求めたとおりに生きている。それが調和。

でも、多くの人は、心に、憎しみや恨みを大切に抱いていて、それを自分のものにしつづける。それと同調してしまっている。また、形ばかりの幸福を求めて満足してしまうから、ほんとうの幸福には出会えない。さらに、目的がハッキリしていなければ、目の前の現象について怖れを抱き、考えに考えて、その怖れをシッカリと自分の体験にする」

——前世をみる前に

リアは、トビラの前にホワイトボードを持ち出して来た。

アレ、まだモタモタしちゃって、トビラを開けるのを忘れちゃってんじゃないかな。

「まだ意味が解ってないわね。このトビラをあなたの意識が通過する状況は、あなたがここで死ぬという意味なのよ。このトビラの名前は、三途のトビラ」

「……」

「ここに、無限というホワイトボードがある。いいわね」

「よくないね。死ななければ開かないトビラなんて…」

「こう考えてみて。このトビラは、有限の世界を考えるのが得意な顕在意識と、無限の世界に住んでいる潜在意識の二つのレベルを、象徴的に分けているだけ。有限の眼でみると、どうしようもなく堅固に感じられるけど、無限の眼でみると何もないの。だから、これから言う話が、トビラを開けるカギ」

「エー、その鍵は開けゴマのコトバ、信頼感。お願いします。そして、ハイ・アリガトだろう」

「そうよ。でも、さっきやったけれど開かなかったじゃない。どうやら、頭では解っているけれど、身体で解ってないみたい。それに、この調子じゃ、エンマ大王国の出先機関、法務庁の入国管理事務官のお世話になってしまいそう。そのときの対応まで、しっかりと教えておかなくっちゃ。じゃ、始めるわよ。

まず、私たちの存在についての真実を告げる理屈をもっと強固なものにしましょ。

ここに、無限というものがあるとしたら、あるわよね。その外には何もない。もし無限の外になにかがあったら、それは無限ではありえない。有限だったのよ。だから、無限というのは、全てであって、一つ、としてしか存在しない。

ここに、完全という存在があれば、その外には何もないはず。もし、どこかに何かがあったなら、それは不完全だったのね。だから、完全とは、ただ一つの存在。そこで、完全と無限とは全く同じ一つの存在。それこそ、ゼッタイに変化しようがない。初めからあって、永遠にそのまま。

このホワイトボードが、完全で無限なものの象徴だと思っていてね。ここに悲しみと書けば、誰が見ても、悲しみがあるように見える。でも、消してしまったら悲しみはない。

無限で完全なホワイトボードが初めから在って、これからもズーッと在るだけ。また、喜びと書けば、誰が見ても喜びがあるように見える。でも、消してしまったら、そこには、ホワイトボードという無限で、完全なものだけがスマシテ在るだけ。他には何もない。

こうして、私たちエンティティが体験している人生の悲しみも喜びも、大失敗も、成功も、無限で完全な生命の上に描かれた幻。そして夢。

でも、この人生も、数々の前世の体験も、魂体の中に、何一つ漏れることなく記録（記憶）されている貴重な物語。最後には、神にお返しする体験。

これからみる、前世の記憶も、そういうもの。だから前世の生涯という夢の記録をみて、悲しんでは、だめ。例えば、泳げるようになった人が、泳ぎを習いはじめたときに溺れた記憶にコダワッテいても意味ないじゃない。自信というものは、数多くの失敗の体験をし、その記録・記憶の上に立って、はじめて自分のものになるものね」

「エーッ。そんなに悲しい生涯だったの」

「それはオタノシミ。次は、入国管理官との応対の仕方ね。さっきも言ったように、私たちが、これから行って前世をみようとしている場は、普通は死んでから行くところ。さきほど行って、生きたまま入れるように、特殊なルートを申請してあるけれど、言ってみれば、密航するみたいなもの。

三途の河を航行途中で、特殊なルートに乗りそこなって、入国管理官、いわゆる地獄の鬼に捕まってしまうと、エンマ大王の審判を受けるわ。死んで行く人たちと同じ待遇ね。

地上で、困っている人々を親切に待遇しなかったり、他人を非難するクセを持ってしまった人には、入国管理官が、鬼としか見られないけれど…。私と同じエンゼル。

この世を離れて行く人々の世話をする入国管理官たちを配した審査ドームの中で、エンマ大王が聞かれるのは、決して、この生涯で、何かに失敗したことではありません。失敗は，成功へのステップにすればいいだけのこと。

エンマ大王が聞きたいのは、地上での生活を通して、何を、第一に大切にしていたかよ。

そこでまず、あなたにとって最高のものは何かって聞かれるわ。なぜって、この世に肉体を持って生活する目的は、最高のものを信頼し、ほめたたえ、いつの日か、それと一体になる体験をすること。

そして、その一体感で心身を積極的に活動させるのが、身近な人々のお役に立つ体験だから…。こんなことは、魂体ならみんな、はじめからよく知っているわ。私たちは、その知っている知識を、地上で、こうして実際に体験する夢をみに来ているの。

また、取調べ中、身に覚えのないことを言って、とりつくろうとしたり、肉体から脱出して来た意識だけで、意思を通じさせる能力の連想がうまく行かないと、エンマ大王の質問に行きづまるわね。そして、困ってオロオロすると、入国管理官が鬼に見えてしまうから、たちまち鬼に変身していじめるわ。

どうしてかというと、この世も、あの世も、自分の想いが、自分の最も大切なものとして、そのまま周りに伝わって、それを自分の体験にしてしまうから。

だめだ、つらい、苦しい、みじめだとやっていたら、それを大切なものとして、自分を通して身近な人にさしあげていることになり、周りの人がイライラする。そしてつい、周りの人たちも困ってしまって、目の前の、困っている選択をしている人を、イジメたくなってしまう。

だから、こちらが困ってオロオロすると、こちらの想いによって変化した鬼たちにつつかれるわよ。そこで、シドロモドロになると、たたかれるわよ。たたかれて、鬼たちに、ギャーギャー言って反撃すると、コームシッコーボーガイ罪で地獄へ連れて行かれる。

どんな地獄かって？　自分の最奥にある最高の理想に気づいていない地獄。そこでは、鬼たちが、この人の最も大切なものを、もっと、もっと充分にさしあげようと、四六時中ギャーギャー言ってモンクを浴びせかけてくる。その鬼を恨んだらダメ。鬼は、この人の最高に大切なものは、恨みだと受取る。鬼って、ほんとうにヤサシイの。だから、私たちが大切にしている恨みをたくさんくれるわよ。早く、救いとして働かれる最高の働きを認めて、お願い、助けてと言って、すぐに感謝するといいのに…。

でも、私たちはいつか、生命として四六時中表現しつづけなければならないもの。こうして、自分を存在させている、最も大切なものが何かに、やっとこさ気づくのね。

そして、太陽系の惑星などにある学校で訓練を受け、もう一度、地球上に生まれ変って、今度こそ、全宇宙に満ちみちて、ありあまっている最高のものを、自分を通して、身の回りの人々にドンドンと出しつづけていく人生を送ろうと決意する。

こうして、自分の次の人生を選び、自分にとって必要な体験を演じてくれる両親を選んで、再び赤ちゃんとなって地上に誕生し、次の人生を体験する。だから、赤ちゃんは困ったとき、最高のものを、お母さんに見たてて、オカーサンを求めて泣き叫ぶの。

もっとも、成長するにつれて、一時的に、自分勝手、利己主義という偏見を持ち、そのトリコになってしまう体験を選択する人は大勢いる。

さて、いいかしら。この話には先があるのよ。

こうやって、私たちが、この地上に肉体を持って、成長するに従って、強固なものになってきた私たちの偏見を打ちこわすために、地獄で責め役をやっていたあのヤサシイ鬼たちも皆、それぞれの役目を背負って、私たちが地上に生まれる時には、一緒に、地上に生まれ変わっていて、私たちと一緒に生活しているのよ。そして、地上でも、マジメに責め役をやってくれるの。なんてヤサシイ鬼たちじゃない。

だから、地上での困難な人間関係を生きる場合でも、恐れない、心配しない、怒らない。これも最高のものの計らいと信頼して疑わない。そして、自分をコマラセヨーとする人たちや、私たちに悪意を持つ人たち（あのヤサシイ鬼たち）に、誰でもみんなが、当然受取る権利を持っている最高のものを、自分を通して、ふんだんに出して行かせる。――で、あなたの最高のものって何なの？」

「エーッ」

「ホラ、ホラ、困らないで。困るということは、先を見ていないからよ。日頃から、目的をハッキリさせて、先を見る癖をつけていてね。日々に体験する困難は、まず、オモシロガッテ、生命の働きに『ハイ・アリガト』と言って、すぐゴハサンにする。ああだ、こうだと考えすぎないで…。この今を、オモシロガッテ生活していれば、それがしっかり身についてしまっているから、どんな場合にも困らない。

さあ、あれこれ考えていないで、いっしょに、オモシロガッテ決めようよ。

最高のものとは、生命としてのその意識の全部。創造するエネルギーとしての心の働きの全部。そして創造されたものとしての宇宙の全部。初めから終りまでの全部。私たちの求めたもの、お願いを聞いて、救いを与えてくれる究極の存在。

さあ、練習。私がエンマ大王だと思って答えてね。エヘン。そなたの一生で、最高のものと感じておったのは何だったかな？」

「生命の働きとしての神」

「ブー」

「どうして、なぜダメなの？」

「だってさ、少しも、私（魂体）と一緒に、そう観じていないじゃない。口先で答えてもダメ。エンマ大王にお会いするときは、心にもないことをシャベル肉体やメンタル体なんかないのよ。最高のもの（理想）との強大な一体観、マザマザとした存在感、絶大な信頼感、ヒタムキな求める心でお答えしなければ、通じないわ。そのたくさんの記憶・記録が、こうして肉体を持って生活している私たちの使命。お役に立つ体験。そのために、こうして生まれてきているのよね。

今日、生まれて十日経ったカズクンに会いに行ったわね。そのときの様子を思い出してみて」

そう、考えられない光景だった。

静かな部屋で、ゆりかごの中に寝かされている赤ちゃんとは正反対の中で、よく眠っていた。二人の幼いお兄ちゃんが、自分たちのオモチャを部屋中に散らかしていた。下のお兄ちゃんは、ソファーの腰をかけるところから、上のお兄ちゃんは、背あての上から下へ飛び降りて遊んでいる。

カズクンは、何と、お兄ちゃんたちの飛び降りているその着地点に寝かされていた。二人がヨロケルと、カズクンの顔に手をついたり、胸に膝が当ったりしている。でも、スヤスヤと眠っているのだ。

アブナイと言いながら、急いでカズクンを抱きあげた。そして、キッチンで、お茶の仕度をしている子供たちのお母さんに声をかけた。

「こんなとこに寝かして、アブナイじゃない」

「ジャ、どこへ寝かせるの？」と、間のびした声。

「ソファーの上とか…」と、私。

「お兄ちゃんたちに落とされてしまうわ」と、お母さん。

そのときのカズクンは、お母さんの声がする方に、全身をよじって反応していた。

「お母さん、助けて。変な人に捕まえられちゃった。お母さーん、お願い、なんとかして…」

「お母さーん、と言う、まさに、助けを求めるその実感。その信頼感、その求める気持が、全身を動かしている。これが、最高の働きに対する私たちの感覚。

そのため、自分の最高のもの（理想）に、心の底から親しめる名前をつける。例えば、お母さん、神、仏、キリスト等、ピッタリくるものを選ぶ。その働きを、自分の理想の働きにする。

私の場合は、『今』、『今の働き』、『信頼感』。日々、自分の身近な人々を目的にして、自分の心と身体を通して、自分が信頼している理想が、今ここで働かれていると感動し、すぐに、ハイ・アリガトと、感謝を観じる。その時に、自分はどう想い、身体はどう感じるかを具体的に決め、それに慣れておく。要するに、最高のもの（理想）が、自分を通して働かれるときの、具体的な実感を、自分が、心と身体でどのように感じるかを、自分で決め、それを、いつも、具体的な体験にしながら生活する。

例えば、目的をハッキリさせて、神への信頼感、神の栄光などを実感するとは、自分の肉体を通して働いている信頼感、栄光など、確信のコトバをハッキリ言う。同時に、頭蓋腔（頭の中）を意識する。すぐに、アリガトを上部頚椎で感謝する。

こうして、困った問題がおきるたびに、最高のもの（理想）が、解決に向けて自分を通して働かれる状態をオモシロガッテ実感し、感謝するのを繰り返し、癖にしてしまう。

当然、自分自身も問題の解決へ向けて、自分らしい工夫をし、行動しつづける。

最高のもの（理想）は、自分の意識として自分の最奥に存《あ》る。最高のもの（理想）は、宇宙の秩序として全宇宙に満ち満ちている。最高のもの（理想）は、神意識、御仏の意識、キリスト意識として人々を導き、人々の救いとなっている。日々の生活の中で、自分の最高のもの（理想）が、自分を通して、身近な人々にも働いているのを実感する。そして、その身近な人々としても働いている、同じ一つの、最高のものの輝きを肉体で実感し、その実感に感謝する。こうして、実感とは感動のこと。

イーイ。この理想を感じることに慣れると、カズクンの時も、抱き上げた自分の腕を通して、全ての人のお母さん（理想）が、今、カズクンを抱っこしているという実感で、柔らかく、フワーっと、優しく抱き挙げるといいわ。全身で、ヨシ、ヨシよ。今度ヤッテみてね」

「ヤレヤレ、リアは最高のものの話となるとトマラなくなっちゃうんだから」

「アラソーオ。私たちは、生命として、大自然として現れて働いている最高のものから、実にたくさんの恵みをいただいて、生かされているのよ。でも、お返しできることは、それを認め、ほめたたえ、感謝するメンタル体と、それを感じる肉体の体験。そして、自分の想いの全て、実感の全てで、身の周りの方々が、当然受取られるはずの、最高のものの通り道となってさしあげられる体験なの。

アラアラホント。またトマラなくなったわね。

最高のものは、自分の内にあり、外にあり、聖霊として、聖者として働かれていらっしゃる。同時に、仲間として、困っている人として、私たちの働きかけを待っていらっしゃる。最高のものって希望そのもの、救いそのもの、信頼そのもの。これを、私たちエンティティは、どんな人、どんなもの、どんな出来ごとの中にも感じないわけにはいかない。

くり返し、持続して想い、実感し、感謝し、感動する。これが最高のものに、自分を調律する体験。

私たちが、今の働きに、目的をハッキリさせる。例えば、自分が面倒を見ている方とか、頼まれた方の心身の緊張を緩めるのを目的にしたら、自分が、ナントカシテ、その方の緊張を緩めるのではなく、緩みを、自分の体のどこかで感じて、感動すると、目的の方の緊張は緩む。

大宇宙に満ち満ちている最高のものの働きが、自分の体を通して出て行くのを、具体的に感じている協調の営みが、一人ひとりのエンティティの役どころ。それを体験したいから、私たちは、〝今の働き〟に調律することができる肉体を持って、こうして人間をやっているのよ」

──物理的利益を求めた代価

リア「さて、次は連想。先を見とおす練習」

私「あれ、まだあるの？」

「すぐに終るけど。この練習に慣れておくのは、とても大切。この人生で、多くの人たちは眼前に展開している人、物、事に対して、ウカウカと怖れとか、疑いを連想してしまい、考えに考える。やがて、自分が、その自分の考えに出会う体験をしている。人によっては、消極的、否定的にしか連想しないから、生きている喜びが湧いて来ない人生を体験してしまう。

また、ある人たちは、自分の物質的な利益を追い求めることを喜びとしてしまうから、その方向へ、連想という想いを働かせる。それはミゴトに働き、たくさんの利益をもたらすわ。でも、必要以上の物質利益を求めるには、その代価の支払いをしなくてはいけない」

「どんな代価を支払うの？」

「物質的なことは信頼するが、生命の働きは信頼できない。危険、危機に対する不安。

では、連想のケイコをしましょ。〝トビラ〟──これから連想するものナーニ？」

「出入口にあるもの。開く。開ける。閉じる。閉じておくもの。カギをかける。ドロボー。カンヌキ。ツッカイ棒」

「古いわね。それに消極的で、連想を先へ進めてない。物質性を超えていない」

「……」

「このように、もともとは、自由に連想する意識が、物質世界で肉体に入りこんでしまうと、目、耳、鼻、舌、肌という肉体の五官でしか感じられない。例えば、このトビラに対しても、五官のままに判断するから、見、さわり、叩いてその音を聞く限り、重いトビラがここにある。大きくて、とてもとても開けられないと感じて、せっかくの想いが、その先へ行けない。

　意識を離れ、三次元的に考えるとすれば、トテツモナイ機械をもって来たり、ダイナマイトを仕掛けたりという話になってしまう。そういう物質的ではない私たちの想いも、また、仕事をしてくれるわ。

　私たちは、生命、意識の活き活きした働きなんですもの。肉体の五官にこだわる必要はない。ナニモ遠慮することなく、ズーッと無限に先を、イッキに見ましょ。私たちの生命・意識とは、私たちみんなの、これからの体験を造る活き活き、活き活きした働きよ、忘れないでね。

　トビラって、境界を分けるもの。出入口の象徴。その先には別の世界がある。そこには、トテモオモシロイ体験が待っている。そこに行くと、私たちの最高のものが、私たちの体験を祝福している。その一体感の、まあナンテスバラシイこと…」

「でも、リア、このトビラは、こうして、ここに、ホラ、チャントあるよ。動きそうもない」

「私たちが信頼する、究極の存在としての最高のものが、今ここで、明らかに活動していらっしゃる。その活動に、肉体を通して、心の底からのお願いをする。

肉体の五感が感じている現状は、過去の結果としてあるだけ。それには、少しもこだわらない。これからの未来の体験は、私たち一人ひとりの想いや、実感が創り出すもの。あなたが，このトビラにこだわっている限り、トビラはあなたを拒絶しつづけるわ。そして、魂体のみた前世という夢をみに行こうとする私たちの計画は全部パーよ」

「ごめん、リア。でも、どうも、コトンとわからないんだな。想いとか、連想とかがそんなに簡単に働くのかね」

「わかりやすい話をしましょうか。中学へ入学したての三人の少年が、2冊の英語の本と出会いしました。赤い表紙にA Search for God Book I & IIと書いてあります。無造作に開けてみるとSelf the Barrier（自分自身が障害）という小見出しが見えます。もちろん三人には，それがどういう意味かわかりません。

そのうちの一人は――ムツカシそう。こんな本は一生かけても読めそうもない。英語なんか勉強するのはイヤナコッタ。もっとオモシロオカシイことないかな――という自分にとらわれた想いで先を見る。

二人目の少年は――これから、こんな本を自由に読みたい。ぜひ英語の勉強に打込んで、アメリカの大学で勉強しよう――。

三人目の少年は――この本に書いてある考え方が、自分の意識の中に息づいていそう。そして、自分を導いてくれている最高のものが、この本を学ぶよう求めるなら、ぜひそうして、人々のお役に立ちたい――。

そして三人の少年が、自分を通して、自分の想いを継続して確認し、それを行動するなら、きっと、それぞれの想いを実現するようになるわね。

私たちは、この三人の少年が、それぞれの道で成功して、立派な人生を歩むようにと、私たちの目的をハッキリさせて、ずっと先を見ましょ。

この世の中、三人集まれば三様に、いろいろな人たちがいて、それぞれの人生を体験する。オモシロイじゃない。

こうして、私たちが、私たちの目的をハッキリさせて、私たちがそう想って、私たちのコトバの想いをオモシロイと体験することが、私（Self）たちが、少年たちの障害（Barrier）にならない選択。いつも、いつも、私たちが、生命・意識の、私たちみんなのこれからの体験を造る、活き活き、活き活きした働きの障害にならないようにしましょうね。

私たちの目の前に、神の働きの扉がある。まず、目的をハッキリさせて、目を大きく開いて先を見る。すぐに、ハイ・アリガト。この感謝の感じを観じてオモシロガル。これがノック。そして、自分の心身を神の働きの通り道にして行動し、神と一緒に働く体験をする。イーイ。神のお働きは、今ここに…。私たちの心身を通して働かれている。私たちは、そこに焦点をピッタリ当てて生活するもの。

では、トビラを越えて行くわよ。まず、肉体を暖かくして眠らせましょ。胸の前の空間に意識を置いて…。アラ、窓の下でエンジンを吹かしている自動車がヤカマシイわね。でも、先を見て。これに乗る人たちは、これから、きっとスバラシイ体験をしようとして出かけて行くのね。地上のことは、完全な守護であられる最高の理想の働きにすっかりおまかせして…。私たちも、これから、神とともに、スバラシイ体験をしようと、夢の世界への扉を通過していくの。まず、両眼の間のちょっと上で、ちょっと奥にある脳下垂体に、夢の世界へ通じる扉を開く〝静けさというコトバの鍵〟を置くの。〝静けさというコトバの鍵〟を置いたら、両耳で、上部胸椎（背中の上の方）のアッタカーイという声を聴くのよ。すると、胸が開いて、全宇宙が鎮まるわ」

これは、猫ちゃんたちに聞いた、夢の世界に通じる扉の「ボッコ」と言う鍵の開け方。太陽の温かさへの「信頼感」を、両耳を伏せて、背中の上の方（上部胸椎）で静かに観じる。これが、猫ちゃんたちの日向ぼっこのやり方。

私たちも、目的をハッキリさせ、「今」の働きの温かさを上部胸椎で静かに観じる。ウトッとするとすぐ、自分の意識の奥のレベルに入りこんでしまった。そして，いつの間にか、あのトビラを通過していた。もう、リアはいなかった。

自分の肉体はと見ると、いつものようにして寝室で眠っている。

この大宇宙には、天国とか地獄はない。日頃から、自分のコトバとその実感が、神の祝福と栄光を表現し、生命の知恵と慈しみの働きのお役に立っている調律の生活をしていれば、それが天国。

一方、自分の想いが、人をチクチク刺していたら、それが、針の山地獄の体験。身近な人の時間とか労力を、自分の利益のために奪っていたら、それが、血の池地獄の体験。

地獄の王エンマ様は、私たちの意識の内の良心といわれている部分であろうか。エンマ大王としての良心のその日、その時期の査定は、日常の生活の中でも、夜みる夢の中でも常に行なわれ、私たちに伝達されている。私たちが、その伝達に気がつかないのは、その働きを信頼して求めていないから。

結局、私たちは、自分が信頼して求めているものしか見えない。それが、日常生活の中で示されていても、感じられないのだ。

天国の主（超意識・今・私たちの理想・神）は、最高の存在として、いつでも、私たちの意識の最奥にいらっしゃる。

そこで、私たちは、コトバで、いつも「今の働き」を意識して、コトバで、「今の働き」を信頼し、コトバで「今」に焦点を合わせ、コトバで目的をハッキリさせ、コトバで、「今の働き」に感謝する。

このように、「今の働き」を自分の肉体を通して、具体的に実感しながら生活する。これが、自分を「今」に調律し、世界中の人々の心身を健康にしているということ。

第8章　死地へ向う武士

――「さぐり矢」

私は、巨大なドームの中にいる。光にあふれた大気が心地よく、サーッと流れていく。音楽が身体中で響いている。水平の方向を見ると、紺碧の水がどこまでも広がっている。上を見ると、抜けるような青空に、神々しい純白の光がさしている。

少し離れたところに、四～五人から、ときには数十人の魂体たちが群がってざわめいている。魂体たちは、それぞれ個性を持った光の群がりのように見える。それぞれの魂体の出す光は、色あいとか、温かさに違いがあるのだ。

何か協同作業をしているよう…。

うん、そうか、なんのことはない、みんなでボタンを押しながらテレビゲームに熱中している。そう知ってしまうと、「ヤッタ」というざわめき。「シッカリ」という支援。涙、なみだの喜びが、ジカに伝わってくる。ときには、全員が真剣になって、「ヘコタレルナ」と、くい入るように見つめ、沈黙がつづく。そのときには、ゲームに参加している彼らの数がぐんと増えている。

魂体たちの仕事ぶりを見つめていると、その光の群から一条の光が真直に私の頭に差しこんだ。これは、中央で光輝いている魂体から、私の前世のビデオをセットしたから見ませんかという、おさそいである。私はうれしくて、うなずくと同時に、中央の輝きの中に自分の頭をつっこんでいた。

「さぐり矢」というタイトルがセットされた。

するとどうだ。朝もやの奥から、渓流が音を立てて流れくだっている。流れのほとりは、霧の切れ間に、いっせいに黄葉した木々が重なるようにして立っていて、ときは秋である。岩を噛む水音の平常さの中を、興奮して、たけりくるった馬のひづめの音が近づいてくる。兜を深くかぶり、まだ若々しい顎に、白太の緒を締め、緋縅の鎧を着け、赤毛の馬を駆っている武士が、このテレビゲームの主人公。つまり私だ。そのかげを馳せ参じて行く、別の騎馬武者姿も見える。

画面を見た一瞬、私は、どんな人生ゲームが展開しているのかを理解した。戦国の世、一つの大きな勢力を結集した大軍が、この山に囲まれた盆地の小国の城を攻め落とし、勢いをかって、その先の国々に進攻しようとしている。私は、今敗れようとしている小国の武士として、その大軍を迎え撃つ峠の要所へ、ただ早くと、馬を飛ばしていた。

汗の首すじに、山の風と水面から立ちのぼる霧が涼しい。死地におもむくこの男の心は世事の雑念を捨て去ったすがすがしさがあった。もう、今となっては、家も財産も、功を立てる夢も、城とともに打ち捨てた。

そして、このときになってやっと湧いてきた妻子へのおもいも断ち切った。営々と身につけた教養も武芸も、峠の雑草の上に倒れたかばねとなって、この国の歴史に名を残すこともなく終っていく。今はただ、峠で大軍に立ち向っている自分の部下たちに、さわやかな笑顔を見せて励ましたい。それだけの気持が、この赤毛の馬を駆り立てて行く。馬も甲冑も肉体も、そのために手入れをしつづけたことになる。

手許のリモコンスウィッチで、自分の意識のレベルを変えてみると、このゲームをいっしょに体験している仲間の魂体たちが、私に協力して、いろいろなレベルで展開している仕事ぶりがみえてくる。この今、魂体としての私は、よい人生体験の記録（記憶）を残そうと、光のリモコンスウィッチを操りながら、画面の武士の心に、最高のものから来る光を送りつづけている。

「この最高の働きを、自分らしくうまく表現してよ…」

隣で、この人生ゲームの間中、私に協力しつづけてくれた魂体が、画面を見ながら、うれしそうにほほ笑んでいる。

「さあ、ここで点数をあげてくれるぞ」

それから、私の方を見て継ぎ足して言った。

「いいぞ、自分の計算というか、測る心、損得勘定。他人への非難。今しなくてはいけないことをやらないでいようとする狭さ。他の人を、自分の思いどおりにしむけるための計略などがなくなって、積極的に、純粋に、身近な人たちを支えようとしている」

隣の別の魂体が、私のリモコンスウィッチにふれた。また意識のレベルが変って、数々の精霊たちが、この武士の血液の循環とか、発汗の状態に気を配って調節している。大は地球規模の自然に気を配っている精霊たちがいて、峠道の要所、要所で、霧を薄くして、危険に気づかせる役をしている。それらの情報を全部把握して、あらゆる危険から守ろうとする天使。求めているものを与えようと活動する天使。他の人々の役に立つチャンスをせっせと用意して、生涯の中にアレンジしている天使。

私たちは、この地上で、自分だけの、孤独な生涯を生きているなんてとんでもない。


死の瞬間がやってきた――。

意識のレベルをあの武士にもどすと。峠の手前で、一騎は峠道を行き、赤毛の馬は間道へ入った。すぐ、急な登り道が立ちはだかって、馬は行けない。そこで馬を追い帰し、急な坂道を登ると、峠の先がよく見渡せる斜面があり、部下たちが陣を構えて、射手を配している。

簡単な報告を受けた後、眼下を見れば、峠に向って登ってくる道が静まりかえっている。ここから射れば、かなりの敵を倒せる。その下の谷を、先陣を告げる幟旗、それに続くあまたの旗指物が揺れ動き、人馬の荒い息づかいが登ってくる。峠道の影の隠れた所から、矢がひとつ、また、ひとつと飛んで来て、もう、戦いは始まっていた。こちらの射手の動きを封じようと、あちらの射手が、さぐり矢を放って、距離を計りはじめているのだ。

先頭の幟旗を掲げた一隊が、峠道の先に姿をみせた。フト、うしろに殺気を感じて振り返ると、農夫の姿をした男が鎌を振りかざして部下に襲いかかろうとしている。小太刀を投げて機先を制したが、斜面の上にいる相手に対して、こちらは甲冑をつけていて動きがとれない。この騒ぎを聞きつけた部下が、男に駆け寄って打ち殺した。

武士は、部下の背後を固めて守るために、さらに高いところにある岩影に身を置いた。と、谷から、何百という矢が絶え間なく飛んできた。こちらの射手は手も出せない。その間に、大量の軍馬が峠道を駆け登って行く。

また、背後に人の気配がして、見ると、いつもは「のろま」と言ってさげすんでいた同輩が、抜身の太刀を持って近寄って来た。何か連絡にでも来たのかと声もかけず、眼を前へ返して、眼下の軍馬に、無念を噛みしめていると、のろまの太刀が、右脇から深々と心臓まで突き通され、胸が焼けるように熱い。

「エッ。こののろまに、このオレが殺られるのか…」


前世の父母の姿——。

髪のつやがなく、痩せた母の笑顔が眼の前にあった。自分は母の乳が飲みたいのに、母は、乳が出なかったので、オカユを指ですくって飲ませてくれている。

身体が大きいが、おとなしい父は、最下級の武士だった。父の仕えている主人の屋敷のひとすみに、自分の生まれた小さな家があった。父は、この一人息子が強くなることだけを考えていた。父は、息子の中に強い男を見通していて、乱暴に接したが、息子の私にとっては、それが受け入れられてうれしかった。

母はというと、父の一見粗野で荒々しい子育てに強く反発していた。それが根にあって、父との間は、義務的な対応をするばかりで、しっくり行かなかった。そのぶんの愛情は子の方へ向けられ、母方の家で、幼い頃から修めていた習いごとを、自分の一人息子に厳しく教えこもうとしていた。そんな母を、子供心には、とても理解することはなかった。そこで、恨みがましく思いつつ育った。

その頃、よくこんな夢をみた。

――ヘビが家の梁にも、柱にも、畳にもいっぱいいて、足の踏みどころ、手の置きどころがないのだ。

情緒不安定にならなかったのは、母方の祖父母や叔母たちが、近くに住んでいて、やさしく見守ってくれていたからである。

父は、子供の中にある力を育てようとし、母は、子供を自分の考えにあてはめようとしたのだ。父は、子供の育っていく芽をのばそうとし、母は、それを摘もうとしていた。父は子供を見、母は自身を見ていた。父は先を見、母は自分しか見ていなかった。

子供は、自分で育つ。両親はそれを助けるものである。

母は、自分が十歳になったとき世を去ったが、うるさいのがいなくなってよかったぐらいだった。後に継母が来たが、心の中では、完全に無視していた。

十五歳、元服の頃。気がつくと、習いごとはひととおりこなし、父と同じように、主人の乗った馬について駆けまわっていた。こうして獲得した強健な身体を買われ、藩が組織した若手エリートの組に入って武術を習得した。やがて、剣を使っても、策を用いても、ひたすら人に勝とうとしている若武者になった。

また、下級武士だった父が乗れなかった馬にも乗れる地位を許されたとき、幼い頃から馬の扱いに馴れ親しんでいたから、たちまち上達して、藩でも一番の乗り手と言われるようになった。

こうして、人に勝つのが当然で、それだけが人生の目的となってしまって、上の人も、下の人も、馬鹿にしきっていた。人の善意に気がつかない。気がついても無視して、あつかましく保身、出世に精を出した。

この頃の夢には、もうヘビはいなかった。だが、こんな夢をみることが多かった。

――お城の屋根に大猿が一匹いて、ひさしにぶら下ったり、瓦屋根の先に座って、両手を膝の上に組んでボーッとしていた。その眼は空虚で、何とも理解できないまなざしだった。

比較的良い家から嫁をもらった。妻にやさしい言葉をかけることもなく、自分はお城勤めにはげんだ。娘が二人生まれたが、男児を生まないことで妻を強く責めていた。

城が攻められることが知られると、二人の娘を妻の里に預け、妻を城の雑事にさし出した。自分は城主と城を出ての再起の時期を待つ画策をしたが、上層部の覚えが悪く、早々と最前線の峠の守りを命じられ、部下はすぐに布陣して、その任についた。

そして今、自分の最後の場所へ、誰よりも最後にやってきたのだ。

こうして、短くも、長い自分の一生を一気にみてしまったというのに、のろまは、突き刺した太刀をひとひねりして抜くところだった。意識が肉体から離れたためか、感情的な反応はなかった。自分が、倒れかかる自分の身体を支えようとするが、全く無力だ。のろまが足を掛けて太刀を抜きとると、自分の身体はその場に崩れてしまった。

のろまがどうするのかを見ていると、私の兜を解き、首を切り離した。

このとき、今朝、自分がお城の寝所でみた夢を思い出した。

自分が立っている岩嶺のすぐ上を、見たこともない立派な大鷲がゆっくりと飛んで行く。また来た。そしてまた来る。自分は愛用の弓に矢をつがえて射た。はっきりした手ごたえがあった。しかし、大鷲は何の変りもなく、美しい羽一枚一枚がきちんと並んでいる翼を見せて、すぐ横を静かに飛び去って行った。

見おろすと、岩嶺の上には、誰もいない。

母の愛――。
フト気がつくと、自分の乳が出ないため。あちこちに頭を下げてもらい乳に出歩いている母の姿があった。母は、自分の身体が弱く、寿命の長くないことを自覚して、子供の教育に全力を投じていたのだ。

武士の妻として、陰ながらに内職し、夜も寝ないで働いている母を、今、はじめて見た。地上で暮らしていたときには、煩わしく思っていたあのときの母こそ、自分を最大限に愛し、貧しい中で、知育に心血を注いで来た仏のような母だった。その母がいて、人に誇れる自分があったのだ。

突然、あのときの母がほんとにやさしく、なつかしい存在になった。そのうしろに、愛情をあますことなく注いでくれた祖父、祖母が笑顔で迎えてくれている。これらも、天使や、仲間の魂体たちがアレンジして見せ、私に理解させてくれているのだ。

私は、画面から飛び出すと、肉体が眠っている寝室にもどった。

第9章　現在は過去の最先端

――オモシロガル

　リアが来た。

「万感の思いで自分の前世をみたよ、リア。でも、リアだって古いよ。あの『さぐり矢』は、大昔のものじゃないの」

「言っておくけど、このトビラの向う側は、今しかないのよ。肉体を持って、地上の体験というテレビゲームをセットして、その中にいると。――ということは、トビラのこちら側の三次元の世界にいると、過去と、現在と、未来があるように感じられるだけ。明治時代も、戦国時代も、氷河期も、今、ここにあるの。無限の先を見ると、過去も現在も未来も、今、ここにあるというのが真実ね」

「エッ、マテヨ、リア。過去は行ってしまったから、もうここにはないよね。そうだろう」

「正確にいうと、私たちが選択した結果としての過去の地上での体験は行ってしまったわ。でも、今ここにあるから、〝さぐり矢〟のように、持出して来て、再び見ることができる。でも、その体験を変更することはできない。

で、私たちが選択した過去があるから、今という結果がここにある。過去がなければ、今はない。だから、今は過去の上に存在している。今は過去によってできているのよ」

「過去は、そういうことにしようか。でも、未来は絶対に今ではない。なにしろ、未来は、まだここに来てないぞ」

「正確には、私たちは選択していないから、まだ、その選択を体験していないわね。でも、未来の選択は、ここに全部あるわ」

「だってリアル。ホラ、未来なんて、ここにナイ、ナイ、ナイ」

「テレビゲームソフトを買い求めて、今は、そのゲームの途中と考えてみて。今は、いつも過去の最先端。私たちが選択した過去の体験があるから、その結果として今があり、過去の記録は、ハッキリ残ってここにある。でも、ゲームのプログラムの中には、未来が全部アル。確かにアル、ここに全部アル、アル、アル。確かに未来の全部があるのよ。

ただ、まだ選択という体験がないから、現実になって体験していない。最高のものである神は、無限というトホーもない存在で、エイチそのもの。エッチではないのよ。叡知にあふれた創造のエネルギーなので、トンデモナイくらい面白いゲームを造って、みんなを楽しませてくれて、ご自分も、ごいっしょに楽しんでいる。私たちも、トンデモナイ選択をして、やがて、体験するトンデモナイコトを、これからもズーット、オモシロガリましょうよ。

私たちは、神のプログラムの中で、自分の行き先を自由に選択し、その選択したものを体験する。全ての川が、どこをどう通っても、最後には海に注ぐように、多くの尊い失敗の体験によって右に揺れ、左に揺れながらも神の許に帰って行く。

〝さぐり矢〟の人生も、生れる前から大まかな筋書きは決っていた。エンティティは、それ以前の人生で決意したことは、必ず体験しなければならないからよ。でも、その筋書きの中で、あなた自身の意志によって、未来の生き方を自由に選択して変えられるの。

大まかな筋書きという意味で運命はある。でも、人生ゲームを体験している本人の意思以上の力ではない。

私の仕事の一つは、その意志による決意を体験させること。今生のうちに実現できなくても、はるか未来の人生に組み入れることもできるわ。だって、今の中に全てがあるから…。

そして、未来の体験の情報は、必要に応じて、夢や日常の生活の中でも、示しつづけているわよ。より良い人生を送ると願い、情報を求めて、夢や、日々の生活に注意していれば、すぐにわかる。

良い結果を生む体験への情報は、明るい調子の、支持されていると解る夢。そのままで、これからの生活環境も整い、身の周りの人々もあなたの味方をする。悪い結果を生む体験への情報は、警告の夢。警告をそのままにして、ほうっておくと、生活環境が乱れる。それでも気づかなければ、『二度あることは三度ある』の言い習わし通りね。

夢からの警告がわかったら、自分の想いや生活態度に、厳重に注意すればよい。

〝さぐり矢〟で、お母さんを恨みがましく思っていた頃の夢では、家の中にヘビがいっぱいいたわね。家の外ではなく、中で、自分が嫌っているものがいる。ヘビは多くの場合、物質的な知識とその体験を表すわ。猿の夢は、人をバカにすると自分がバカを演じる。利己主義の殻の中には、不安、あせり、疑いしかない。人の善意を無視すると無視される。城の屋根の上の孤独、不安、疑い、無視。そして、お城の屋根の上には、『それ以上に進歩する上』がない。大鷲は生命（意識）の自由、肉体からの自由の意。それは何回も近くへやって来たのに、見送ってしまう。でも、ついに自分のものにしようとして行動をおこした。これは良いこと。自分の最も得意な武術でいどんで、自信があったのに、ものにはならなかった。

そして岩頭に立ちはだかっているはずの自分の姿は、もう、そこにはない。これは自分の死の予感」

――天使の役目

「リア、光の魂体たちが見せてくれたので、はじめてわかったのだけれど、イットキも休まず、私たち一人ひとりのために働いている天使たちに、人間として、ぜひ感謝の気持を伝えたいけれど、どうしたらいいの？」

リアは、こちらの目を真直に見た。真剣に答えようとするときのシグサだ。

「天使たちには、自分が誰かに何かをしているという気持がないの。あの、存在の最高で最奥の意識が自分を通して、あの、最高で、輝く最奥の意識が自分を使って働かれることだけを願いながら、自分の意識を、よく調整しているの。

人間の、天使への感謝の気持はそのままマッスグに、最高で、最奥の意識に向って表現していく以外にはない。

天使たちは、自分を表に出すことなく、人間が、自分たちを産み育ててくれている最高で、最奥の意識に気がつき、それと一つである体験を願い求め、ついに、最高の意識と一体となって協調の営みをするように望みながら、こうして影で働いているのね。

それはまた、全宇宙の喜び。

大切なことを言うわ。あなたも、その天使の一人。最高で、最奥の意識が、あなたの身近に配置してくれた人々に、黙って、陰ながら最大級の感謝をして、いつでも、この今、最高で、最奥の意識が、自分の存在を通して広がっていると実感し、真の親切、忍耐、がまんしつづけること、やさしさを選択し、行動する。

そうすると、どういうことになるかを、体験するために、こうして、地球で肉体を持って生活しているのよ」

「リアは、この世のものを、全部最高のものにしちゃうんだから」

「そう、この世の究極は、最高で、最奥の意識だけ。その意識を使って、私たちエンティティが、何を表現して楽しむかなの。人が、苦しみを表現するキーを押せば、画面に苦しみが現れ、私たちは、七転八倒する体験をする。その状態を恨めば恨みに出会う体験をする。その後の、私たちの前世も見せるけれど、充分に楽しんで見て」

「ところで、天国や地獄があるの？　あるとすれば、あの武士はどこへ行ったの？」

「他人ごとみたいに言うわね。あの武士は、私たち。あの武士の記憶は、全部私たちの記憶。あの一生の得点は私たちの得点。そして、失点は私たちの失点。得点はそのまま広く伝わって多くの魂のはげみになる。失点は私、魂体の傷となって残り、別の惑星へ行って、どうすれば、その部分を強化できるかを学んで、また地球へ帰って、次の人生ゲームに挑戦して、それを楽しむ。

私たちエンティティは、得点が多い方がうれしいから、より不利な条件を設定したがるのよね。あらかじめ、予定の肉体や生育環境に不利なハンディをセットしておいて、自分の弱点を強化しようとするわけ。もちろん、私たちの親である最高で最奥の意識は、ご自分の最愛のエンティティが駄目になるのを望まれないから、私たちエンティティの力以上のハンディを課すことを決してしないわ。

ハンディが多いということは、それだけ、その魂体に力があるということ。より有利な条件のもとで、人生ゲームをはじめる人は、その魂体によって、より大きな仕事をするように要求されているか、魂体と一緒に、より多くの人たちのお役に立つ気でいるのよ。

なかには、身の周りの人々から、親切心や忍耐力や辛抱しつづける力を引き出そうと、とても困難な条件をセットするエンティティも大勢いて、ケナゲに、その人生ゲームを楽しんでいるわ。

よ〜く、覚えていらっしゃい。私はね、より厳しい条件をセットして、より多くの得点を取りたいヨクバリ魂体なんだから。これは、エンティティの好みの問題。

さて、地獄とか天国は、私たちの心の方向性の問題。例えば、その人が地獄にいても、そこから光源の方を見ている人は、明るい天国にいるのだし、天国にいても、自分の影の方ばかり見ている人は、暗い地獄にいる人。そういう人は、天国でスッゴク悩むの。

もっと噛みくだくと、天国で仏やキリストを非難したり、利己主義の人は、地獄にいるのと同じ。地獄にいても、鬼や魔の中に仏の慈悲を感じ、キリストや、仏の知慧の光をみている人は、天国にいるのとオンナジ。

私たちが、他の人を非難したり、さげすんでいるとき、自分がそうなるように求めているのね。利己の想いは、単に不満と疑いと不安を増長するだけ。それが地獄。

私たちの心の中に、信頼があるということは、ナニカを信頼しているという体験。愛があるということは、ナニカを愛しているという体験」

「ソラキタ。そのナニカって、何だか知っているよ。最高で、最奥の意識。そうだろう」

「その通り。そして、私たちは、その信頼感や愛を想い、実感し、周囲の人々を目的にして、生命・意識の知恵と慈しみの、私たちみんなのこれからの体験を造る、活き活きしたお働きが、自分を通して働いているのを静かに観じる。私たちは、この今、肉体を持って、その喜びの体験をしに来ているの」

こういう問題を頭で知ることは簡単な話。それで終ってしまっては、何もならない。それを応用し、活用し、身体で体験して、やっと理解できる。

それで終りではない。次は、自分の生活のなかで、それを他の人たちのために、感動とともに出して行かなければならない。

そのために、くり返し、くり返し、自分の今の状況を夢などで確認し、発展させ、それで人々のお役に立って行く。そして、さらにその先にも、楽しい体験があって、私たちを待っている。

問題は一つでも、その体験は無限にある。体験が風化しないように、私たちは、同じ問題を、自分自身に向って、いつも、くり返して問いつづけ、前々、先々へと生きていく。

第10章　空飛ぶムシロ

——地球外惑星への旅

今日もリアがやってきた。本を読んでいる私の目の高さをフワフワと飛びまわっている。また、最高で、最奥の話をしたそう。ナニ、ナンダッテ。そうじゃなくて、死後に行くオモシロ惑星物語の話だって。あんなこと言っていたって、どうせ最高で、最奥の意識の物語だぜ。キット。

リアのうしろにトビラが見える。ウン、リアにトビラはつきものだ。でも、今日は表札がかかっているゾ。ナニナニ、〝地獄お勝手口〟。地獄なんかあるはずがないのに、お勝手口とは、コリァドウイウ……。アレ、ひとりでに開いたね。少し中を覗いてみるか。

白い砂が敷かれた庭の中央に、古ぼけたムシロが広げられている。こうして、この上に座れば、まるで時代劇のオシラスの場だ。エッ、エンマ大王様のオナリーだって。身体が、なぜかフルエテくる。心臓がドキドキしてきたね、コリャ。

ギャッ。これは、これはエンマ様。オハツにお目にかかりまして。しかし、大きな口だね。真赤だよ。キットお風邪をお召しでしょ。それに大きな目だね。二つもある。一つでも充分によく見えるでしょ。

イヤ、さっきの入国管理法順守違反のことでお取調べ。そうじゃない？　では、お勝手口侵入罪の現行犯の容疑でお取調べを。それでもないんで……。

えっ。天国や地獄じゃなくて、エンマ様とごいっしょに、この空飛ぶムシロに乗って、太陽系の惑星を見てまわる？

それは、それは、ケッコーですが。ハテ、リアが先程、死後に参るところと申しておりましたが、そこですか。私はエンマ様の故郷の地獄はいやですよ。

惑星は、私たち人間の故郷ですって？　みんな、この星から課題を持って地球に生まれて、必要な体験をする。そして、一生を通じて、その星の性質の影響を受けながら生活する。

へエー、ヨゴザンス。まいりましょ。惑星は、また遊星とも言い、まあ、天空、宇宙空間に浮いていて、遊ぶ星と言うからにゃ、そこは天国でしょうね。オモシロイ。

エエ、ごいっしょいたしましょ。へエ、天国ばかりじゃない。地球の生活での課題を消化できないで惑星に帰ると、キツイ訓練が待っている。エ、ジゴージトクだから。それをジゴクと省略するんですか。

エヘン、エンマ様はジゴクにコダワリますね。それでは、ワク星もメーワクしますよ。

ああ、ここまで昇って来ると、子供の頃の星空を見てるようで心が洗われます。エッ、私の心が汚れているのかって？　どうもエンマ様とは、お話がしにくいですね。

まず、最初に行く星はどの星ですか。何ですか。ドーセ私のように、最高で、最奥の意識に向って向上する体験をないがしろにした人が、ドーセ行くところですって。それは土星。アタリでしょう。愛称は情の星。

土星にはキレイなワッカがありますね。こうして近くで見られるなんてうれしいな。入口には、やっぱりトビラがある。表札を読んでみましょう。バランス回復センター。再出発の星お勝手口。ヤダネ、ここもお勝手口だよ。

エー、フリダシに戻って来た人専用入口。ハハーン、地球で生活したけど、どうもうまくいかなかった人はここから入って癒すんだ。

なるほど、総合病院みたいで、立派な設備が整っていますね。先生方もみんな美人で、これじゃ、また来たくなりますよ。ここのリハビリで基本をたたきこまれて、新たな希望を抱いて、また地球の人生体験へ出発して行くのですね。「理想を持て」なんて書いてあります。

そして、ここが当センターの卒業生のスタート台。二つあって、片方は地球直行組用。地球へ再突入する人は、次のことに厳重注意、憎しみ、怒り、心配、健康。

さて、もう一方のスタート台はこちら、他の惑星行き研修生用。見てごらんなさい、土星の形をした空飛ぶ円盤が数えきれないほど、駐車じゃなくて駐盤してますよ。私たちも他の惑星行きですから円盤ですよね。

アレ、エンマ様、さっきの汚いムシロが私たちを待っていますよ。ほかの研修生はみんな、輝くような円盤なのに……。アーッ、エンマ様、怒らない、怒らない、そんなに真赤になっちゃって。エッ、次の行き先ですか、この様子だと火星ということでしょうね。

火星にも、入口にはトビラがあって赤い表札がかかってます。なんですって？　精神科。危険物取扱所。怒り方ご指南。まだ、オマケがついてますよ。自分の考えは、絶対に正しいと考える人専用入口ですって。

もしかして、今、エンマ様はご失業、いやそうではなくて、エー、フリーターなどでいらっしゃったら、ここの講師など適任じゃありませんか。高給優遇です。マチガイナシ。

オヤ、こちらには火打石からマッチ、火縄銃から、大砲、原水爆まで、なるほど危険物取扱所ですね。

出口には、卒業生に告ぐ、正しく怒れ。自分の利益のために怒るな、人々の利益のために怒れ。地球には、あなたの好きな爆発物がたくさんある。取扱厳重注意のこと。人をオドカス人が、オドカサレル人になる等々。

やはり、地球直行便と、他の惑星便があります。火星を出るときには、こりゃゼッタイ、ロケットでしょうな。三・二・一・ゴーなんて。

アレ、やっぱりムシロですよ。エンマ様にロケットは似合いません。いや、どうも相棒が悪かったね。

アレ、エンマ様、ここはまだ火星ですよ。危険物取扱所ですからね。そんな真赤な大きなお口を開いてはいけません。だまって、だまって、沈黙。

エー、やって来ました次の木星。この星の人が追及しているのは善。善の星。火星は地球でいえば赤道直下、原色でハデな星だった。でも、木星ときたら南極観測基地てな雰囲気だね。表札がある。ナニナニ、〝大真面目修道院〟。ヘェー、エンマ様、私はここでヨゴザンス、とてもとても、この中へ入れる身分ではございません。エンマ様はどうぞご自由に観覧なさってくださいませ。

そうですか、では一歩だけです。一歩だけでもなんとなく寒気が身にしみますね。有名な当星卒業生一覧という紙が張ってある。大勢いるね。考えてみりゃ、これだけの卒業生が地球で活躍して、地球を良くしてくれたんだね。ありがたいことだ。

マテヨ、地球を良くして……。エート小見出しは、各分野別になっている。学者。教育者。社会改革者。医師。薬剤師。治療師……。こういう方々が地球を良くして……。

あ、エンマ様、内部の視察はおすみですか。ああ真面目なお顔になられて。

出口には、例によって張紙がしてある。地球救済に出発する諸君に告ぐ、真実には、求める心が裏打ちされている。正しいと思っても、それを強要するな。深刻ぶるな。日々に笑い、歌い、明るくふるまって楽しく生きて来いだって。エンマ様、ナニヨこれ、次に死んだら、いっぺんでもいいから、この大真面目修道院へ入門してみたい。

この星を出るときには、こうしてムシロに乗って行く方が、ムシロ似合ってますな。


やって来ましたここは、水星というより、大学という感じですかね。真実を追求する星と言われる、この星のトビラには表札が…、ありましたよ。ヤッパリ、全宇宙総理論完全分類整理学研究所。イヤーナルホド、何から何までよく整理されて、木の一本一本に百以上の分類名、砂の一つひとつに化学記号が記されていますよ。脱帽ですね。

オヤ、皆さんのヒタイにIQ値が記されて……、アレ、エンマ様のIQはたったこれだけ。ということは、エンマ様、私のヒタイを見たらダメ、のぞきこんだらダメ。冷や汗がダラダラ出ますね。そこで水星？

やっぱり地球がいいですね。私の性に合ってます。すっかりホームシックになってしまいました。帰りましょ、帰りましょ。

ここにも、地球に行く諸君のご活躍を祈るなんて書いてある。「厳重注意。百の理論に、百の現実がある。しかし真実はただ一つだ。その真実とは、全宇宙は愛でできている。だから整理しきれない。地球では、ホドホドに整理して、愛について学べ」。なんですかコリャ。地球が天国じゃないですか。


次は、輝いている金星ですね。このムシロの乗り物では、ハズカシイ。

やだね。ハズカシガル間もなく、もう着いちゃって。アミューズメントパークにいるみたいじゃないですか。いや、早い話が、美を追求する星、この金星は宇宙の遊園地。これほどキラキラのキラなんで、明星と呼ばれるんですね。

オイオイ、ムシロさん、そんな汚いナリで、そのあたりに落っこってたら、拾ってかれて燃やされちゃうよ。ナニ、お前さんこそ注意しなだって。

ヴィーナスの故郷。美、美。美こそ生き甲斐の人たち。メクルメキ愛。カワイイモノへの慈しみ。胸トキメク希望。ユメイッパイ。スキが優先する人生観。ワーイイナ。エッ、もう帰るんですか。まだ、何も見学してませんよ。

入口の表札を読んだかって。読まなくたってわかりますよ。私はここの出身ですから。「ビューティフル・イズ・ワンダフル」なんて、横文字の筆記体で、いかにもきれいに書いてあるんですよ。ビューティフル・ライフだったかな。

出口は、どの星にも警告が書いてある。ここのは…と、「地球を明るくするため、希望に燃えて行く美しい人々への注意。〝あなたがたはだまされやすい〟。ナットク、ナットク。私はエンマ様にダマサレテ、惑星間の旅烏だ。

エー、「美しいものにはトゲがある」どこかで聞いた言葉だな。エー、「ツツマシサ、ジッチョク、キクバリ、ハニカミ、ヒカエメ、ケンヤク、シンボー……」と、ずっと途中省略。「これらもまた、すこぶる美しい。なぜなら、幸福と真実はその中にある」。

このあとに、落書きがしてありますよ。「美しいもの、ハデなもの、うまい話に乗るな」。

アー、マッタク派手じゃない。フルボケタムシロよ。そなたの中には、幸福と真実があるな。エンマ様は、幸福と真実の人。間違いなし。さあ帰りましょ。地球へ帰りましょ。

まだ、行くところがあるんですか。海王星、ええ、知ってますよ。地獄の王は、エンマ様、海洋の王は、ネプチューン、その星でしょ。神秘の星といわれているんですね。

もう着いた。ムシロは光より速いね。もしか地球で死んで、それからぁ、どうやってここまで来るんでしょうね。歩いてくるんでしょうか。走ったって何万年もかかりますよ。わかった、エンマ様はこのムシロを、死んだ人に売りつけてカセーデルンでしょ。税務署に目をつけられますよ。

ここの表札には「生命と物質の秩序がつくり出す、光、音、色、形、構造、変化の神秘」とありますね。ワー、これはキレイダ。こういう美があるんだ。

微小なものから巨大なものまでが、瞬時から何億光年もかけてつくり出す造形美。微小な波長から気の遠くなるほどの長い波長の重なりが、かもし出す大自然、大宇宙のシンフォニー、大合唱。光の当り方で微妙に変化する色彩。

アーア、エンマ様も、すっかりリラックスしちゃって、こうして、ここでゆっくりしていますと、千年もアッという間に経ちますね。

ところで、乙姫様はお知り合いではなかったですか。さきほど、オトイレなんて言っちゃって、こっそり、オトヒメさまに会って来たんじゃないでしょうね。それはいいけれど、玉手箱なんてオミヤゲをもらったらだめですよ。地球に帰れば、コワイカニーなんて浦島太郎のようにはなりたくない。

エッ、もう次の星へ行くのですって。

さて、ここの卒業生への警告は、と――。「青く美しい地球への旅に出るあなた方自身が神秘であり秩序である。地球では、積極的な人間関係の中で協調、協力、調律という、神秘な力の働きを体験されたい。また帰星した暁には、悠久の秩序の中で、共に最高で、最奥の意識の神秘にせまろう」。

エンマ様、さすが、神秘を追求する星の送辞の言葉は格調が高いですよ。何ですか、私も地球へ帰ったら積極的な人間関係を展開して、人との交わりの神秘と秩序を体験したくなりました。地球に帰星するときの乗物はカメでしょうかね…。

では、次に行く星は貴さを追求する貴の星、天王星。

ここは何といいますか、砂漠の国、ラクダに乗った王子様と王女様の国ですな。表札。チョット待ってくださいよ。さっきから探しているんですが、どの星にもあったトビラがと。エート、誰かいませんかね。

ここが、どういうとこか聞きたくても、王子様と王女様方だけですよ。オヤ、エンマ様は先刻ご存知で、天王星。天王星とは分かってますよ。

この星の住人は直感力に勝れ、極端に走り、整理整頓に固執するんですって。なるほど、極端に整理されちゃって何もない砂漠ですよ。

ここは天王星。だから住人も極端でテッテイテキに整理されて王様と王女様しかいないのか。て言うと、エンマ大王様も王様のタグイ。私が、ここにこうしていると、私も王ではありませんか。

エンマ様、私も王ですか。そうですか。私が王だとすると、余がこの国の立法じゃ。似合うておるかの。へへへ。いや笑い方にも気をつけねば、オウ、オウ、オウではどうかな。オウ、もう参るか。

ここが地球への出発場所か、警告があるな。「この星にて直感を研ぎすましたる貴人へ」か――。「地球は万余の人々と共に生活する場であり、貴人が、修得したる直感は地上でも人々を驚かすに価している。しかし、地上の人々は、それぞれ異なった目的を持って生活しているのであるから、それぞれの生き方を認め、寛容の心を持って相対し、自我を離れて、利他の体験を積まれんことを乞い願い奉る」。乞い願い奉られる気分も悪くはないな。またムシロか、これが王の乗るシロモノかね。

いや、エンマ様、失礼、エンマ大王様のご立派なお乗物で…。

「アー、そこにおるのはリアか、ギョイデアル、チコー、チコー。エ、もう終った？　で、エンマ大王様は？」

「エンマ様って、あなたのことを全部記憶しているあなた自身の潜在意識。私だったのよ。死後、人は自分の潜在意識の査定を受け、それぞれの個性に従った惑星に誕生して、そこで、星の持つ影響力を受ける。幾つかの星をめぐった後に、地球へ人間として再生して、貴重な体験を積む。地上では、生れる前に滞在した星からの強い影響を受けつづける。

そのようにして、最高で、最奥の意識へと成長するのよ。他にも、冥王星やいくつかの恒星も、私たちの地上への再誕生と性格に、触媒的に働きかけているわ。

しっかりと覚えてほしい大切なことは、惑星からの影響力がどうであれ、人間一人ひとりに与えられている意志の力にはかなわないという事実。

私たちが、目的をハッキリさせたら、最高で、最奥の意識が、この今、自分を通して働かれているのを実感する。その感動の実感を継続しつづけ、今の働きを信頼し、オモシロガッテ行動する意志」

第11章　人生劇場の役者たち

——花嫁は前世の母だった

「リア、あの〝さぐり矢〟のときのお母さんは、その後どうしているの、会えるかい？」
「会えるもなにも、普通、魂体は、同時代に、グループで生まれてきて、身近で同じ体験を分かち合って生活する場合が多いのよ。私たちに、〝さぐり矢〟を見るようにおさそいしてくれた天使が、あのお母さんの魂体よ。また来て、〝鐘の音〟というテレビゲームの体験を見るようにおっしゃっているわ」

うっすらと明けはじめた山あい。雨が降りそそぎ、せせらぎが音を立てている。ほとんど葉を落した山の木々が、おしかぶさるように垂れている下にワラブキの農家がある。いろりや、かまどから立ち上った煙が雨のシブキにまぎれていく。パチンと、いろりの薪がハゼ、仏壇の鐘が聞こえてくる。

少し前に、男の赤ちゃんが生まれた。私だ。うぶ湯を使った桶が濡れたまま置かれ、仏壇に灯がともり、祖母が、先祖に出産の報告をしている。床には畳の代りで、ワラを厚手に織ったゴザが敷かれ、部屋の片すみの夜具の中に出産の疲れと興奮で、口もきけない母子が寝ていた。

このときは、村の人たちから差別されている小作農家の長男として生まれた。両親は貧しく、朝から夜中まで働いていた。特に、一家の嫁の立場はきびしい。朝は、目覚し時計もない時代、鶏の声を頼りに、動物的な勘で真先に起き、食事の支度をし、子供のめんどうもみた。それから、夫と一日中、身体を使う仕事をした。

生命は、うまくしたもので、赤ちゃんを育てているときには、外で仕事をしていても、赤ちゃんがおなかをすかせると、母の乳が張ってきて、家に戻って乳を与えた。

仕事が終るのは、すっかり日が落ちてからである。一家の食事の支度をし、子供に食べさせ、寝かしてから、家の外の冷たい流れで、洗濯をしなければならない。それが終ると縫物を済ませて、家族の最後に床に入った。

自分も、そういう生活を続けてきた祖母は、けわしい顔つきの人で、母にも同じことを要求し、孫のお守も、情愛でするというより、務めをはたすというやりかただった。

それで、生まれた子はあまりかまわれないまま、自分の周りの狭い空間を見ながら育った。その後、次々と妹ばかりが四人生まれたので、このおとなしいばかりの長男は、妹たちを、特別にかわいがって育てた。

また、父母が身体を張ってやっている仕事を手伝って、その毎日から、協調、チームワークの喜びを知った。

本人は、遠い都会の変化を聞くにつけ、教育を受けたいと思ったが、とても、そんな状況ではなかった。

そして戦争が始まり、歩兵として入隊した。いよいよ戦地へ行くというとき、周りからお嫁さんをもらう話が持ち上って、すぐ結婚式と、段取りが進んで行った。そして、新婚の生活という喜びも感傷も湧かぬまま出征した。

満州に出兵し、高地攻略作戦の最前線の歩兵として配置された。次々と命令がくだり、バタバタと事がはこび、何を考えるひまもなく、いよいよ攻略の前夜になって、やっと故郷へ手紙を書くように指令があった。

このときになって、兵士は、はじめて自分の人生について考えた。もちろん、考えがまとまるはずもない。故郷の山川の美しい四季、忙しいばかりの立働き。貧しい生活をしている父母。そして、ばたばたとした中で、やさしい言葉もかけず、夢中で対応した新妻。今は、その素顔もはっきりした印象になっていなかった。

父母には、今まで育ててくれた礼を書き、妻には、次に生まれかわってきたら、人生とは何かを究めたいと、妻に宛てるというより、自分自身に向って真剣に書いた。

戦場は、それこそ〝さぐり矢〟の彼我の立場を全く逆にして、しかも、こちら側は無策で、矢面に身をさらす状況なのだ。

高いところに、数多くの銃座を配置した敵陣がある。大声をあげれば聞こえる距離で、こちらは丸見えのはずだ。夜のうちに掘った浅い塹壕に、やっと身を隠して突撃ラッパを待っている。

「人間って、ほんとは何なのだ？」

小隊の旗を立てると、バラバラと銃弾が落ちて来た。ダン、ダン、ダン、ダンと銃の音が聞こえる。ラッパが吹かれる。第一班が壕から飛び出す。そしてみんな倒れる。

「人間が、こんなに簡単に死んでしまうのか」

身体がガタガタとふるえる。複数の銃声が上からかぶさって来る。自分の番のラッパが聞こえる。二、三秒遅れた。銃声の中へ、銃を握って重い身体で立ち上る。目の前が真赤だ。

もう、音は何もしていない。なつかしい母がいて、父もいる。故郷の家に自分がいる。そして、もう一人の母が今、男の子を産もうとしていた。それは、まぎれもなく母だった。〝さぐり矢〟のとき自分を産んでくれたあの母だ。

そして今、産声をあげる直前の男の子の肉体を選び、新しい人生を始めようとしているエンティティが、あの〝のろま〟なのだ。


「リア！」

私は興奮して大声を上げた。

そこは、いつもの寝室で、リアがフワフワと浮いている。

「待て、リア。聞きたいことがあるんだ。人間はどうして、殺されても、殺されても、また人生をやるんだ？　リアも天使も、みんな、もう何が良くて、何が悪いかよく知っているじゃないか」

「ゲームよ、ゲーム。ゲームって楽しくない？　困難や、落し穴がいっぱいあるから、ゲームは楽しいのよ。落し穴があるからハラハラする。それがゲーム。人間は、落し穴があるゲームなんて楽しまないっていうの？」

「殺される方はたまんないよ」

「自分は、最高で最奥の意識の表現体だと信頼している人は自信がある。そして、次はきっとうまくやるぞと言える。目先のことにとらわれて、自分の中にあるスゴイ創造の働きという、最高で、最奥の意識を認めない人は、単独の人生を、一人ぽっちで、ここだけを生きている自分のことばかりしか考えられない。だから、自信がない。自信とは、くり返して体験した、その貴重な体験の記憶。

私たちは不死身なのよ。永遠を生き通して貴重な体験を重ねている存在。だから、どんな一瞬一瞬にも、大勢の天使たちが、心の底から応援しているのに…。

天使たちは、あなたの今の体験に協力して、いっしょに感動しようとしているの…。あなたが失敗しても、失敗しても、もう一回、もう一回とやってくれるのが感動。そして、最後に成功するのが、成功という体験。失敗もしないで、ヤスヤスとやってのけられることをやって、どこに感動があるの？　どこが楽しいの？　苦しいときも、楽しいときも、あなた一人が、それをやっているんじゃない。周りの人たちも、天使たちも、みんなで、一緒にそれをやっているのよ。

もっと、もっと悪い条件でガンバッテいる人を知らないって言うの？　今、地上で、つらい体験をしているその人たちは、このようなつらい体験をして、その全部を記憶しているあなたを必要としているわ。その人たちは、〝人間って、ほんとは何なんだ？〟という疑問を持ち、それを、真剣に求める決意をしたあなたが、次に生まれかわってきて獲得する、貴重な体験を待っているわ。

あなたは、今、そのために生まれかわっているんじゃない。今こそ、人々にも、天使たちにも、精霊たちにも、最高で最奥の意識にも、期待されているあなた自身を演じるのよ。

無駄に見える多くの死は、決して無駄なんかじゃない。一粒の麦が地に播かれたとき、それは、死のようにみえるけれど、百粒の麦の新生。死は一つのトキの終りを表す。でも同時に、新しいトキの始まりの意味。

さっき〝さぐり矢〟のお母さんに会いたいって求めなかった？　だから、お母さんが、その後、私たちに、どう関わったかを見せようとして、続きをセットされたのが、今、始まったばかり。すぐに戻れば、全部を一気に見られるわ。いいわね」

私は、いろりの匂いが立ちこめる仏間へ戻った。自分が生まれた情景と同じである。あのとき、祖母が仏壇に向って鐘をたたいていたが、同じことをやっているのは自分の母である。あのとき、母が自分を抱えて寝ていた同じ場所に〝のろま〟を抱いて寝ているのは、戦場へ行く兵士だった自分のところへ嫁に来てくれた〝さぐり矢〟のときの母なのだ。

〝さぐり矢〟の一生で、母は教育ママだった。それは、自分の乳が出ないという罪悪感の反動で、乳を与えられなかった分、教育を与えた。

死後に、自分の生涯をチェックして、子供への愛情の表現の不適当に気がついた。あのとき、豊富な乳の出る、子を持つ農夫の女たちに乳をもらい歩いたが、心の中では、健康で乳が出る教養のない女たちをケイベツしていた。

この時は、まさに、以前にケイベツした、健康で乳のよく出る農夫の女としての生涯を送る体験を選択し、魂の仲間である、かっての息子の妻としての人生をセットした。

そして、〝さぐり矢〟のときの夫に仕える労力を惜しんだので、かつての息子である自分の夫には、ほとんど言葉もかけてもらえず、顔も覚えてもらえないうちに死に別れ、貧乏との戦いに明け暮れる道へ踏みこんだ。

しかし、〝さぐり矢〟の母は、この一生で、多くの得難い徳を自分のものとした。夫との生活上の接触がほとんどなく、夫が自分に語りかけてくれるのは、仏壇の鐘としてだけだった。仏壇に向っていて、文句を言う者はいなかったので、つらいときには、長い間、鐘の響きを聞いて心を和ませた。

生活はきつかった。私の両親と四人の妹たちの中で、自分の子供を育て、働いた。持前の気丈さで、人間関係も、こまごました仕事への対応も、積極的に工夫し、協調し、忍耐し、辛抱しつづけた。

そういう母を見て、息子〝のろま〟は順調に育っていった。しかし、この生涯では前世で父を恨み、殺し、頭を切り離した自分と出会いつづけた。この息子にとって、父とは、仏間の軍服姿の写真以外にはなかった。生きた頭には出会えなかったのだ。

郵 便 は が き

恐縮ですが
切手を貼っ
てお出しく
ださい

1 6 0 - 0 0 0 4

東京都新宿区
四谷4－28－20
(株) たま出版
ご愛読者カード係行

書　名				
お買上 書店名	都道 府県　　市区 郡　　書店			
ふりがな お名前		大正 昭和 平成　年生　歳		
ふりがな ご住所	□□□-□□□□		性別 男・女	
お電話 番　号	（ブックサービスの際、必要）	Eメール		

お買い求めの動機
1. 書店店頭で見て　2. 小社の目録を見て　3. 人にすすめられて
4. 新聞広告、雑誌記事、書評を見て（新聞、雑誌名　　　　）

上の質問に 1. と答えられた方の直接的な動機
1. タイトルにひかれた　2. 著者　3. 目次　4. カバーデザイン　5. 帯　6. その他

ご講読新聞　　新聞	ご講読雑誌

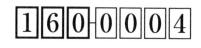

たま出版の本をお買い求めいただきありがとうございます。
この愛読者カードは今後の小社出版の企画およびイベント等の資料として役立たせていただきます。

本書についてのご意見、ご感想をお聞かせ下さい。 ① 内容について
② カバー、タイトル、編集について
今後、出版する上でとりあげてほしいテーマを挙げて下さい。
最近読んでおもしろかった本をお聞かせ下さい。
小社の目録や新刊情報はhttp://www.tamabook.comに出ていますが、コンピュータを使っていないので目録を　希望する　いらない
お客様の研究成果やお考えを出版してみたいというお気持ちはありますか。 ある　ない　内容・テーマ（　）
「ある」場合、小社の担当者から出版のご案内が必要ですか。 希望する　希望しない

ご協力ありがとうございました。

〈ブックサービスのご案内〉

小社書籍の直接販売を料金着払いの宅急便サービスにて承っております。ご購入希望がございましたら下の欄に書名と冊数をお書きの上ご返送下さい。

ご注文書名	冊数	ご注文書名	冊数
	冊		冊
	冊		冊

母は後年、孫の子育てを一手に引き受けていたが、孫たちの評価はきわめてよく、習いもしなかったのに、華を活け、書もたしなむ文化ばあさんになった。そして雨の日も、雪の日も、村の子供たちへのよい話し手であり、老人たちのよい聞き手であった。

リアに、話をバトンタッチする。

「天寿をまっとうして亡くなられる日まで、仏壇を誰にもさわらせなかった。掃除もご自分でしていたわ。ご本尊さんの前に、いつもあったのは、あなたが妻に出したあの手紙だったの…。お母さんは、あなたが生まれかわって人間の真実を探ることを、ホンキで願いつづけたの。そうしたら、ご自分が、人間の真実を体験してしまった。これが意識の法則。

お母さんが、あの死というトビラを通過したとき、あちら側で応援していた大勢の天使や、魂体たちが、心の底から歓声をあげて出迎えたわ。あの方を通してくる光がまぶしくて、讃える以外に何も手につかなかった。

その後も、天使たちが、あの方とごいっしょに仕事をするのは、あの方に集まってくる光によって、文字通り、光栄に浴してしまう。

私たちのこの今も、まさにそう。人間は皆、与えられた自分の立場に自分が立って、最善を工夫してやってみる。感謝してその場を活かして行く。そのとき、自分の意識の最奥にある光を、自分を通して出て行かせる。身の回りの人たちの中にも、同じ光を認め、実感する。お母さんは、それをやってみた人なの」

第12章　夢をみない人

――意識の働きを信じて

リアが、フフフン、フンという感じでやってきた。人にお尻を向けてチョットななめ上に眼をやっている。モンクがあるんだな。

「今日、外出先で、うちと同じようなベランダのポインセチアにタップリ以上、これでもか、これでもかと水をやっているおばちゃんを見ていたでしょう。あれは、私から、あなたへの連絡だったの。うちのポインセチアは三日も水をもらってないのよ。今にも枯れそう。もっと、魂体の働きに気を配って、私の注意信号を受けとってちょうだい。私は、あなたの選択を、体験に導く係。お互いの連絡が、もっとうまくいくようにしようね」

確かに、最高で最奥の意識を認めてしまうと、潜在意識を透して、夜でも昼でも、連絡が入り、予兆やヒントが眼の前に置かれているのに気づく。求めたら与えられるということは、裏を返すと、もうすでに全てが与えられているのに、こちら側が、理想や目的をハッキリ定めて求めないから、見えて来ないだけである。

理想を決め、目的を持って求めると、それが見えてくる。求めているのに気づかないと、潜在意識がホラホラ、コレコレと注意をうながしてくれる。私たちが求め、生活の中でも、夢の中でも、気を配って注意していると、求めているものの予兆やヒントが見えてくる。

求めて、必ず示される予兆に気がつかないと、落胆という結果を得る。

予兆に気づいているのに、行動しないと、怠慢という結果に出会う。そして、行動の量、質、方法も問題になるが、それはお願いして、やってみて慣れるものである。

行動してうまく行かなかったのは、失敗というより、貴重な体験を積んだのだ。それは、魂体にとっての喜ぶべき体験の記憶といえる。

問題は、気がつかないことによって出会う落胆と、気づいていても行動しないという怠慢は、これからもずっと、重ねて出会いつづける記憶として残る。

そして、今生では、それをすっかり忘れてしまっていても、魂体は、その同じ体験を選択し、来世のいつの日かに、それに再び出会い、その体験によって成長するという貴重な体験をする。

そこで、この人生では、気づくということと、気づいたことをやってみることが非常に大切になっている。予兆は、最高で最奥の意識から、潜在意識を通して、夢と暮らしの場へ働きかけてくる。それに気づき、認め、自覚する人は、日々に、多くの予兆があることに気がつく。

また、自分の問題をよく整理して知っている人が予兆に気がつくのであって、自分が抱えている問題を知らなければ、予兆には気づかない。

問題とは、自分の人生の理想、心身の健康、結婚生活、育児、仕事、教養、経済、人間関係、身の周りの機器類の保守点検などのうちで、うまく行っていない部分のことである。

リアは、私がリアとの連絡を密にするために、こう続けている。

「まず、これから気をつけてほしいことは、何か、気になることが目の前に起きていたら、放っておかないで、こまめに確かめて、気になる身体の変化があったら、すぐに確かめて、気になる話を聞いたら、それをよく確かめて、気になる夢をみたら、私に確かめてよ。このようにして日頃から気になることを確かめるクセをつけてね。

それが、予兆に気を配っている態度、気づき、体験の原点の姿。求めたものは、すでに与えられているという体験のカタチ。問題に対して、どうしたらよいか、分からなかったら、すぐに聞いてね」

私の場合は、生活の中で、「リアちゃん、リアちゃん、これねえ…」と言っては聞かない。目的をハッキリさせたら、「意識に聞く」という方法を使う。目的をハッキリさせて、今の自分の肉体の感じを、「どんな感じかな…」と、静かに観じる方法である。

観は観察の観で、意識が自分の心身を通して答えを誘導する感じを肉体の重さの感じを通して観じている。

これも、リアが教えてくれた方法で、皆さんには、もう四十年もの間、「超意識体験会」というタイトルで、お教えしている。

よく、私は夢をみませんという人がいる。その人は真剣に取組むべき、困った問題を抱えていないのだ。人は難問があり、それについて真剣に考えると、潜在意識が反応を起して、それについての夢をみる。

ところが、多くの人たちは、自分が求めたものは、必ず与えられるという法則を信じていないから、「夢にまで出て来ちゃって」と言って嘆く始末である。


解説なしで二つの例をあげる。

I AM THAT I AMという聖書の有名な言葉がある。神の名前が問われたときに答えた「神の名」である。文語体では、〝有りて有るところのもの〟と訳されている。

リアに、真意を教えてくれるように頼んで寝たら、夢をみた。

「私は、お相撲さんで、土俵入りの太刀持ちをやっている。右手に黄金色に輝く、幅十センチ、長さ一メートルほどで、上端が鋭角に尖った煌々と輝く光の太刀を持って、そんきょしている。立派な体をした私の弟子たちが、太刀の輝きで明るい土俵に次々と上がってきて、土俵入りをしている」

理想と目的（光の太刀）をハッキリ掲げて、弟子たち（世界中の人々）のお役に立ちたいと、「今（輝き）の働き」を信頼して生きている自分が、自分（存在そのもの）である。

さて、その日の昼間、友人がやって来た。しきりに、ある本の話をしている。私が、それはこの本棚にあるよ、ホラと、手に取ってパラパラとメクルと、I AM THAT I AMと目に飛込んでくる。「解説は…」と書いてある。

要するに、存在者（私たち）は，まさに活動して自己表現をしているあの存在者（神＝最高で最奥の意識）であるという意味。これは、仏典の臨済録に出てくる、「天上天下　唯我独尊立處即真」と言ってもよい。

昔から、この言葉を面白くするために、お釈迦様が生まれたときの言葉と、広く伝えられている。そう思ってみれば、お釈迦様がお母さんのオナカから出て来て、三歩、歩いてヒョイとあたりをみまわしたら、やって来たこの地上にも、今までいた天上にも、ただ一つの真の我（I AM）という存在しか存在していない。

そこで、お釈迦様は、天上、天下を指さして、全てであるからこそ、「一つ」としての存在・真の我（I AM）の時空を超えた調律の働きの、何と尊いことかと観じたのである。

自分がいるところは、このままで、いつでも、まさに、一つの真の我が活動し、自己表現をしている場である。

私たちは、誰でも、このままで、まさに「一つとして存在し、行動している真の我」なのだ。

多くの人は、自分の考えの枠から外へ出ることがない。自分の思い以外を思うことができない。自分が想っていることに出会う体験をくり返しているから、自分の想いはいつも正しいと考えて、それを体験し続け、自分の考えから抜け出せない。

自分の想いが、事実ではない場合に直面したときも、それを認めることができないで、自分の固定した考え方を変えられない。すると、そこに生まれるのは、疑いと、心配と、怒りである。疑いと心配が心を占領すると、イジケて、一つの考え方に固執する。

そこから自由になるためには、自分が信頼できる人の話を聞くとよい。しかし、この世で最も信頼できるのは、自分を原初からよく知っていて、多くの生涯の記録を全部持って対応をしてくれている自分の深い部分の意識。そして、「今」として、自分を生かしている最高で、最奥の意識（理想）である。

それを認め（理想をハッキリさせる）、全身の感覚を用いて感じ、ほめたたえ、お願いし、感謝し、そこ（理想の働き）から来る予兆に気づき、気づきに対応して、自分がハッキリさせた理想（知恵と慈しみの私たちみんなのこれからの体験を造る調律の働き）を基に考えて、この今の自分の人生の目的をハッキリ選択し、自分が選択した目的を体験するために、今の自分らしい工夫をしながら、今やれるところから、すぐにやりはじめる。

そして、一つの方法だけに固執しないで、人からの批評や様々な予兆に対応して、やり方を変化させながら、辛抱強く継続し、行動し続ける。そういう「今」のお役に立つ人生を体験し、記憶し、記録したいもの。

第13章　人生ゲームのナゾを解く

――失敗なんてない

「リア、私がお嫁さんをもらいにくい人生をセットした理由を、まだ教えてくれないね」

「寝てみる夢も、人生ゲームのナゾ解きも〝気づく〟というクイズよ。ヒントは出ているわ。〝さぐり矢〟のときには、奥さんに、とてもひどく接したのよ。〝さぐり矢〟のときのお母さんが〝鐘の音〟のときには、ほんの少しの間だったけれど、妻を演じたわね。最後の手紙が来たけれど、あなたを待って、日々、きつい仕事をしている人に差し出された最後の手紙なのに、ねぎらいの言葉もなかった。

でも、この新妻は、あなたが、次の生涯で、人間とは何かを究めたいと書いた決意を受け入れたわ。そして、あなたの未来の人生が、多くの人々のお役に立つ人生になるのならって。淋しかったと思うけれど、あなたのことは、すっかり許していた。

でも、こうして、人生ゲームをリードしているこのリアが許さないわ。ホントのあなたとしても許さない。このまま、お嫁さんが、すぐに来てくれると思わないでよ。あなたが、自分の言葉どおり、人生とは何かを究めたときに、はじめて、リアがキューピットになるわ。念のため、人が、ほんとに決意したら、それは運命となって、ずっとあとの人生にも影響するもの。

もっと人生を究めましょうか。私たちは、〝さぐり矢〟と〝鐘の音〟の間に二回も、地上に再生していたわ。その二回とも女性だった」

「エッ、女に生まれたって？　ホントか。それも見に行こうよ」

食物の半分は、山や川で採ってきたものという貧農に生まれた。幼い頃は、それなりに幸福だったのに、その辺りが冷害の年に、人買いに売られてしまった。転々と売られて、最後に、ばくろうの家に買われて女中の下働きをしていた。

そこでは、集められ、買われて行くという自分と同じ運命を生きている馬の世話をよくしたので重宝がられた。

その家の同じ年頃の娘たちと、はっきり、食事で差別されたのと、娘たちが遊んでいても、自分は、仕事で汚れていなければならなかったのがつらかった。男のような口をきき、あらくれ男どもと張り合っていた。

あるとき、商いについて行って、別の家のばくろうの若者たちからひどい目にあわされた。その後、そこに留まって、その家の一人の若者を刃物であっさり殺してしまった。

それは、正当防衛と認められたが、ばくろうの家には居られなくなって、遠くの町に出て、花街の女中になった。そこで、仲良くしている同年齢の少女たちがどんどん娘らしくなって、男たちにチヤホヤされるようになったのに、器量も悪く、荒っぽい上に、男を小バカにする態度も手伝って孤独だった。

その頃から、次には美人に生まれようと日夜想いつづけるようになった。やがて、自分を目立たなくして、人の世話をやき、汚れる仕事をしたので、多くの人の情を得るようになり、一生の間、住むところには困らなかった。また、困ったときには、人が必ず助けてくれた。

一生独身だったが、晩年は、どこにでも生えている、オオバコを主とした様々な野草をつみ、生大豆をつぶして、おみおつけのミとするような生活ではあったが、おだやかに生きた。

死後の惑星間の滞在は、主として金星の影響を受け、比較的早く地上に生まれ変わって来た。そして前世での想い通り、美しい肉体を持つことになった。芸事を生業とする家に生まれた。しかし、金星で影響を受けた芸よりも、自分の意志で容姿の美しさを武器にした人生を送る方を選んだ。

はじめは、目立たない子供だったが、自分が美しくしていることに執念を燃やしたので、育つに従って、みごとな美人になった。そのために、かえって芸事に身が入らなかったから、芸で身を立てるようにはならなかった。

また、それ以外の能力を開発しようともしなかったので、早々と妾の生活に入った。中年から、芸者置屋の主となり、自分の美が年とともに失われるのをうれいながらの一生を送った。

一生を通じて、人の弱点を執ように探して話題にして時を過したので、この生涯での魂の向上は、ほとんどなかった。

置屋の主だったとき、あまり売れない二人の芸者を手元に置いて、トコトンめんどうをみたが、この二人は〝さぐり矢〟のときの二人の娘である。


「フーッ。ため息が出るね。失敗をしたな」

「失敗なんてない。貴重な体験があるだけ。その場面、その場面で、人は自分の想いに出会っている。うっかり求めたことも、間違いなく与えられ、その与えられた場面で生きていく。

あなたは、女として美しくなることを求め、それが実現しても、シッカリした目的を持たなかったので、やがて、その美が意味もなく失われて行く、あわれな体験をしたわね。こうして、あなたは自分が求めたものを全て手に入れる。その結果失敗もし、成功もするし、恥ずかしいことも体験する。人は、その後もずっと、自分が選択し、体験した反動に出会いつづけていく。

人はまた、憎しみや、うらみつらみで、心を満たしておくことが大好き。すると、際限なくそれに出会って行く。問題は、自分や他の人の善悪正邪なのではない。私たちは、自分自身の理想を表現したくて地球で生活しているの。そこで大切なのは、光り輝く自分自身が、ワクワクするような目的を決め、それを生きて行くこと。

人間は、星からの影響を含めて、他からどんな立派な真理を、どんなにたくさん与えられたって、与えられたものでは、とうてい満足できない。自分がやりたいことをさんざんやって、失敗しても、そこから立上る苦労をしたあげくに、やっと掴んだ一つの真理を喜ぶ。うれしさのあまり、ヤッタヤッタと踊りあがるわ。それは、はじめから与えられているものなのに。

人生ゲームをやっているリアの身にもなってよ。あなたが、最高で、最奥の意識を求め、その働きを体験してほしくて、そのチャンスを次々と送ってあげているのに、その価値を認めていないから、気づいてくれない。気づかないから、自分勝手な想いばかりを描いて、またそれに出会いつづけてしまう。また、気づいてもやらない怠慢は、協調に逆らう力。

私たちが、最高の意識の働きを認める態度って、人からほんとに自分にしてほしいと思うことを、人にすること。それは魂の糧となる親切とやさしさの表現。そして、どんな困難と出遭っても、希望と信頼感を抱いて忍耐し、辛抱しつづける体験」

「リア、もっとエライ人の生涯は体験しなかったの?」

「したわ。ズーッと以前。〝モンゴルのタイショウ〟と呼ばれた一生。大草原が生まれた家。ベビーベッドは馬の背中。大空を渡る太陽を師とし、満天の星たちと語り、月をみて暦としていた生涯だったわ。広大な地域を移動しながら生活する部族の支配者と言えるわね。兵法に勝れ、攻撃してくる軍馬に対して、アイディアで渡り合って、いつも勝っていた。

でも、エラカッタのは、周りの勢力と、武力を用いないで調和しようとしていたこと。それに、周りの勢力どうしの争いごとの仲裁をしていたわ。このときは、親分肌で、周りも、よく言うことを聞いてくれた。でも、それは、この辺りで、最強の軍馬を持って、近隣の勢力にニラミを利《き》かせていたからできたのよ。

その当時は、今と違って単純な社会だし、自然と親しかったから、リアとの連絡もずっとうまく行っていたわ。

このときは、生まれつき足に障害があったの。そのときのお父さん、実は、ずっと後に〝さぐり矢〟のときのお父さんになった人は、〝この地上のどこを探してもカワイソーな人なんか誰もいない。神に与えられた困難を乗り切ろうとしている人がいるだけだ〟と言って、自分の子供を、馬に縛りつけて乗せながら育てたわ。

こうして、障害のある子供を育てながら、〝協力が人々をまとめる〟という信念を持つようになり、子供もそれを受継いだの。また、幼い頃から、弓矢をはじめ、小石などを飛ばす技を習得したので、周りの者たちは、一目も、二目も置いて対応するような人になっていた」

「このとき〝協力〟が大事とわかったのに、〝さぐり矢〟の人生では協力を活かさなかったのはどうして？」

「単純に言うと、自分の意志で、協力するよりも、自分を最大限に生かしてみる体験を選択したの」

「次にね、リア。次に生まれてくるとき美人になる方法ってあるの？」

「あるわよ。美人になる理屈なしの法則。理屈をいうと美人になれない。

①よく笑う。

②親切、やさしさ、忍耐、辛抱しつづける体験をする。

③夢中で働く（困っている人の役に立つ）。
④身体を使って汚ない、きつい、危険な仕事をする。
⑤キレイな容姿を持つと決意し、身ぶるいするほどに、それを実感しつづける。
⑥自分にキレイだと言い聞かせて、他の人のどんな反対論も無視する。
⑦健康、衛生、清潔に気を配る。
⑧自分の理想をハッキリさせ、周りの人々をほめたたえることのできる人になる」

第14章　困っている若者たちを救う

――夢は働きかけている

「リア、もう古い話はいい。今現在の人々の苦しみを見られるかい。〝さぐり矢〟のお母さんに頼んでよ」

ここまで来ると話は早い。あのトビラを抜けると、もう目の前に、たとえようもない、やさしい瞳を向けて、あの方が立っていらっしゃった。親切と高揚が入りまじった光が私の身体を透っていく。

私たちは、こうして、オカーサンの存在を認めると、すぐにオカーサンを体験する。私が「今」と言っている存在（神）も全く同じ。オカーサン（神）と同じ意識を体験する。

リアが話し続ける。

「こちらには〝古い〟という考え方はないわ。新鮮というのは、今が活動しているという意味だから、みんなで、意識を常に新鮮の中に置いて活動している。これが新鮮。――では、この学校へ行けなくなってしまった方の中へ入ってみて…」

うながされて，私は何人かの魂体たちが、しきりに働いているテレビゲームの中へ頭からすべりこんだ。

「アーッ。モドカシサがウゴメイテいる。〝ヤダー、ヤダー、ドウシタライイの〟そう叫んでいる。とてもタマラナイ」

すぐに、この人の、肉体を持って生活している現実というユメの世界から、この人の魂体という、覚めているレベルへ飛んで帰った。

「ドウシタッテユーンダ?」

解答は、この人の魂体から、すぐにやって来た。

「人の心の中に愛する対象があるとき、愛がある。愛する対象がなければ、愛は体験しない。心の中に信頼する対象があるとき、信頼がある。信頼する対象が失われたとき、何も信頼できなくなる。

人は成長の過程で、信頼の対象が親だった時期があり、先生だった時期があり、自分自身だった時期も来る。ある時期には、信頼感を感じる対象がなくなって、不安定な自分だけが、日々に感じている全部になる。

こうして、いつの日かは、全部が信頼できなくなる日も来る。その時、自分の考えの枠、固定した思いの囲いの中から、一歩も外へ踏み出せない状態の中にひきこもる。その自分の想いは、肉体環境と生活環境を、その通りに現実のものにしてしまう」

その人の魂体としての潜在意識は、夢を通して、その人が、自分の想いで選択した体験は、どういう意味かを告げ、どういう結果を生むかを報《しら》せる。

これに対して、その人が、どういう反応をしようと、どういう行動をとろうと全く自由である。潜在意識は、警告を出すが強制はしない。

なぜなら、人は神からも、自分の魂体からも強制されたくない。

だから、魂体は夢などを通して、気づかせている。今、あなたが知らずに求めて選択しているのは、コレだ…と。

自分の最奥の、決して変わることのない意識を信頼し、目的をはっきりさせて願い求め、積極的に活動しているアクティブで、リフレッシュな状態でない限り、人は、夜の眠りから覚めたときに疲れを感じる。

特に、自分のことばかりを考え、その考えが、どうどうめぐりしてしまって、積極的に、「お役に立っている」と想えなくなった場合に、ドッと疲れる。なぜなら、自分の考えが通路を塞いで、自分の奥の意識である魂体からの呼びかけに応じられなくなってしまうからだ。その通路を、自分の身心の〝やすらぎ〟がやって来るはずだったのに…。

私は、自宅で、この人の魂体から、この話を聞きながら夢をみている。

「食品をつめこみ過ぎて、オーバーヒートしてしまった縦長の電気冷蔵庫がある。その冷蔵庫をヒッパリ出そうとするが、上の棚がつかえて引出せない。フト、倒すと出せると気づき、横にする。すると、冷蔵庫は床に寝たままになる。

なかなか立上らない。モーターは焼けていて、水を掛けると一瞬に沸騰してしまう。いつまでも寝かしていては、冷媒がパイプにつかえてしまい、それを通じさせるには、モーターに非常な負荷がかかる。それでは、冷蔵庫のためにいけないと考える。

オーバーヒートしたもう一つの理由は、ドアのパッキングの一部が欠落していたので、冷蔵効率が悪かったためでもある」

よく聞く話。この人の場合も同じである。夜寝る前に、明日は早く起きて学校へ行くつもりで仕度をして寝るが、朝になると、どうしても起き上がれなくなってしまう。それは、自分の想いだけが正しいという枠、囲い。それに、いろいろな偏見を信頼し、目先の問題ばかりに対処してきたからである。問題が質、量ともに自分の想いを超えたとき挫折する。

自分が正しいと信じることに精いっぱい努力して、オーバーヒートしてしまったのだ。友だちとは仲良くやらねばならぬ、先生や両親の言うことは聞かねばならぬなど、多くの「ねばならぬ」が不安をあおる。情報量の多さが、若い未熟で、デリケートな心を圧倒する。

大人は、すでに目的を持ち、先の見通しを立てて生活しているから、苦しみに耐えられても、現在しか見えていない未成年者には無理。

生活の中で、その不信感に、いつまでも、いつまでも出会いつづける。そうである限り、他人の言葉に耳を傾けることはできない。また、夢や、身の周りにある予兆にも気を配ることはできない。

それ以上に、自分の最奥にある〝やすらぎ〟という意識が、潜在意識を通してやって来ようとしても、自分の不信感がその通り道にある限り、メンタル体にも、肉体にもやって来ない。冷蔵庫のパイプが塞がっているのだ。

現代の人々は、自分の努力を正確に評価してくれている自分の最奥の深みにある最高の意識を認め、どんな時にも、その働きを信頼する体験がない。

こうして、困ったときに、それに安らぎを求め、それに導きをお願いした体験を持っていないから、オネガイシマスとアリガトというマホーのコトバ（祈り）も使えない状態。

この夢の中の冷蔵庫には信頼というパッキングが欠落していた。

再び、この子の魂体のテレビゲームに参加している。この不登校の子供のために、夢を創れというのだ。私は、自分がこの子の魂体だったらどんな夢を創るだろうかと考えた。

ぜひ、この子のお役に立ちたいものだ。

そこで、この現状を夢で気づかせるとしたら。——出口のない、暗い場所にいる。怖いものがいる。何か、わからないものがうごめいている。後ろからけしかけられる。追われているのに、足が進まない。もっと積極的に、自分が弱い犬や、弱い立場の人をいじめている、というのではどうだろう。

創造の世界は便利である。どうしたらよいか聞くと、すぐに答えが来る。

①人生は、自分らしく楽しめる遊びであることを強調する。

②期待という想いの重要性を強調する。
③目的意識を持つこと。
そして、たちまち、それらを基にした夢ができた。
① 幼稚園の先生が、折り紙をおりましょうと言って、大きな七色のキレイな折り紙を配ってくれる。ところが、自分以外の子供は、外の明るいところで遊んでいる。自分は、ハサミで折り紙をメチャクチャに切った。先生にそれを見せるが、外の明るいところで遊んでいる子供の方ばかりを見ていて、こちらを見てくれない。フト見ると、先生は手の指で○をつくっている。

幼稚園の先生は、自分の魂体。七色の折り紙は、きれいで、安全に、楽しく一人でも遊べるもの。外で、みんなと遊ばなくても、自分らしく遊べばいいわと、外を見ている。

疎外、仲間外れは、自分が以前に選択していた自分らしい体験をするための、またとないチャンス。ここで、自分らしい目的をハッキリさせると、「今の働き」が、思いもかけない、いろいろな人を通して、いろいろと、力強い応援をしてくれる体験のはじまり。

自分らしい目的がはっきりしていれば、折り紙は切って遊んでもオモシロイ。

：
② 大きな沼に、お父さんと魚を釣りに来た。沼は濁っている。お父さんが釣り竿を持たしてくれて、釣るように言う。エサもハリもついていない。それを投げるとキレイな彩り

の浮きがポカッと浮いてきた。その浮きが動く。風が動かしているのだと、自分に言い聞かせて待っている。でも確かに動く。全身が汗びっしょりになった。まだ待っている。ついに沼の中へ入って行く。フト見ると、自分の部屋の中で、浮きブクロが、ひとりでに、コロコロところがっている。「それを捕まえろ」と声がする。あわてて捕まえると、それが、冴えた黄色の鯛になった。鯛の心臓はドキドキしている。

お父さんは、自分のメンタル体の男性性を表している。魚釣りは、霊的な体験。キレイな浮きは、具体的な感動を待っているのではなく、感動の体験を行動するように促している。ここで、沼の中に入っていく行動力は、評価される。

さらに、沼や池に行かないで、家にいても、気づかずに、活き活きした霊的な体験ができる。例えば、自分をせっせと支えてくれているお母さん（浮袋）に、積極的に感謝していても、大感動を体験する。

浮袋は、いざという時に、自分を支えてくれる安心感。ドキドキする霊的な体験。

③　学校に、大きなクマがいると言う。先生も生徒もコワがっている。教室にいると、クマが近づいて来るみたい。自分もコワくなって机の下にもぐりこむ。足音がだんだん近づいて来る。隣の教室に入ったようで、静かになる。隣の教室の壁を透して、クマがこちらを見ている。クマの目が大きくなって、ダートの的になってしまった。

先生も、友達も、いつも、怖いことを言うかもしれないが、いやだ、いやだと、コワがらないで、自分が楽しめる目的をハッキリさせて、ゲーム感覚で、自分の目的を楽しむ日々を送るように求めている。

自分にこだわって、他との接点を見失ってしまう子供が多くなった。私自身、長い間、こうした子供の相談を受けつづけて来た経験を持っている。エドガー・ケイシーの子育てのリーディングを基にして、私が考えていることを述べておく。

現代の子供が成長する過程で失ってしまったものに、大自然とジカに触れて遊ぶ体験がある。自然の中で厳しさ、やさしさ、たくましさ、神秘を、身体がジカにおぼえてしまうと、どんな問題に対しても、様々なヒロガリをイメージする力と、安らぎと、こうして生きている自信が強化される。これが、自然と自分への信頼感。自分らしい、自由な対応をするのが許されているという体験をするからだ。

生命、神、美などの表現がスムーズに行なわれるには、自然の中で学んだ身体の実感がともなったイメージが基になる。イメージが充実している子は、自然に学んだ体験を通して心身をなぐさめられる。それが欠けていると、うるおいがなく、未熟な考えによる、機械的な反応しかできない。その子は、慰められることがない。そして疲れる。

自然の中で、自分らしい体験を重ね、それが許されているという実感が、当人の希望となり、健康となり、自信となって、他の人がビックリするほど、自分らしい冒険をする力が出てくる。

また、人は他人から言われたことをやっている限り、楽しめない。楽しめないことをやっていると、身体がついて来てくれない。魂体はその辺をよく知っているから、強制はしない。手を変え、品を変えて、気づかせようとしている。

今生で、自分が体験したいことをハッキリと決め、感動とともに、宇宙に宣言すれば、そのコトバの力は、全宇宙に影響して、現実化する。その人の魂体が、全宇宙からチャンスを引き出して来て、自分の体験にしてくれる。

私たちは、求めたものしか与えられない。それなのに、自分の想いがハッキリしていなければ、与えられたものにも、気がつかないだろう。自分の目的をハッキリさせると、現代の大量の情報の中から、目的に合った選択をすることができる。すると、それ以外の不必要な情報をアッサリと捨てられるのだ。

情報過多の中で、自分の目的がハッキリしてなければ、うろうろして、やる気も失せる。やる気がおきなければ、行動もない。ひきこもって、うじゃうじゃと、目的もなく考えてばかりいて、行動という体験がなければ、魂体が持っている強大な力を発揮しようがない。

第15章　親子の関係

――人づきあいの第一歩

またリアがやって来た。あるお母さん役のエンティティの現実の中に入って夢を創らないかと言うのだ。

そのお母さんの生活を映し出すテレビゲームに入ってみると、すぐ事情がのみこめた。お母さんが、子供に勉強を教えている。

「なんでこんなことがわかんないの、バカね」

この一家は、お酒大好きワンマンお父さんに、一見カヨワイお母さん、そして、ヒトリッ子の小学校六年生の男の子という家族だ。

隣の部屋で酒を飲んでいるお父さん。

「オレは資産家だ。それを増やすのが人間の値打ってもんだ。モンクアッカ。子供にも立派な財産を残してやりたい。妻は、それに全面的に協力すべきである。トーゼンジャロ。酒は、そういう自分を駆りたてる動力源である。モンクアッカ。子供をほめるなんてとんでもない。子供は、何もわかっていないのだから、厳しく欠点を指摘して直させる。そのために、体罰でビシビシとシツケル」

お母さんの本心。

「財産があるって、マンザラじゃないわ。でも、この結婚は失敗ね。私は子供のために生命を賭けてるわ。よりよい大学に入れ、シッカリした会社に入り、女性にモテテ、良いオヨメさんをもらって、幸福な生涯を送ってほしいわ。そのためには、何でもしてあげる。イイワネ。夫は夫で、どうぞお好きなように。形では負けているフリしていても、最後には、私の意見を、ミゴトに通させてもらっています。エエ、決して、決して負けてはいませんよ」

子供の本心。

「お父さんやお母さんの愛情が何より…。楽しく、安らぎのある家が一番いいのに。今は、まだ小さいからシカタがないけれど、ほんとは、自分が、具体的に評価されている毎日を喜んで生きたい」

夢を創ろうとしている私の本心。

――誰でも、身の周りの人たちのことは、実によく見えるが、自分のことは、ほとんど見えていない。そこで、自分のことは棚に上げて、相手の欠点を指摘したくなる。すると、その欠点を、自分が選択したことになって、自分が非難している、そのような人になるという大宇宙の法則通り、相手は変らず、自分が指摘した相手の欠点を、自分の身につけて生きていく。

そこで、夢を創るということは、大宇宙の法則に従って、現在の夢をみる人の想いや行動が、どういう意味を持っているのか、どういう結果になるかを報告するだけ。それに対して、その人がどういう反応をするかは、この人のメンタル（精神）体の自由である。

人生とは、神が創りたもう大自然の秩序の中に生まれて、その協調が織りなす無限というキャンパスに描く、自分の選択とその体験。エンティティが求めたものはどんなものでも、この壮大な宇宙の中で体験する。それは全てだから一つである最高の存在から出発し、自分の最奥の意識を通して、潜在意識によって運ばれ、メンタル体と肉体の場に訪れる。

人はそれぞれに、自分が選択した人生を生きている。時期を選び、国を選び、家を選び、両親を選び、祖父母を選んで生まれて来た。その中でモマレながら、言葉を学び、言葉で想い、その想いを体験し、その体験の中から、次の選択をして行く。外からの影響が何であろうと、どうであろうと、結局は自分の選んだコトバ通りの人生を生きて行く。

この家族の三人も、まさに今、自分の想いが姿を現した場で生活している。このお母さんが、今までの想いを変えるつもりがなければ、夢や生活に現れている警告を全部無視するだろう。それも最高の意識・神に許されている一つの選択。その場合でも、このお母さんの魂体は、夢という現象を通して、現状の意味を説明し、その人によって選択された想いや行動からもたらされる結果をみせてくれる。

こうして、人間は日々に自分自身に出会うが、夢の中でも、自分自身に出会っている。

お母さんに、次のような夢を創った。

——デラックスな観光バスの中。ガタガタ走っているのは、運転手が酒酔い運転をしているため。ガイドの女性はデップリと太っていて、ネクタイの結び目が首に喰いこんでいる。そして、逃げたがる子雀を両手で押さえながら歌わせている。ガイド自身が、よそ見しながら両足でハンドルを操作しているではないか。これじゃ、いつか事故をおこすぞ。

場面が変わって、大きな壁の向う側に子雀がいる。ガイドの自分が、片手を壁の割れ目に通して子雀を捕えようとアセル。この子雀がなんとまあコワイ顔をして、自分の手に噛みついてくる。——

不思議なことに、多くの親は子供の悪い点をよく見、よく感じていて、それを子供によく言って聞かせ、悪いところを直そうとする。すると、今、自分が、子供に見、感じたものに、これからも出会って行く。その上、子供は、親に嫌われていると確信する。

親が、心の働きをよく知っていれば、子供をよく観察し、子供の悪い部分は、親がカバーし、良い部分を伸ばして行くのが子育てだと納得する。また、多くの親は、自分の考えに子供を合わせようとしている。子供はそれを束縛と解釈する。

自分の思想を語り伝えるのではなく、自分の理想をはっきりさせて、その自分の理想に感動し、「理想が自分を通して働いている。アリガト」と感じながら、子供自身が体験したい喜びを、子供に聞き出して、子供と一緒に楽しい子育てをする。

例えば、「今」という働きをそのまま生きている子供が、うれしいことって何だろうと、子供に聞き、それを受け止め、子供の喜びに同調しながら、自分の人生も楽しく生きて行くことが、心の働きを知っている親の姿。子供は、そういう親の背中を見て、それを、自分のものにして、これからを生きて行く。

反対に、ダメ、ダメ、ダメというコトバで子育てをすると、子供は、そういう親のコトバを全身で受け止めて成長し、親にも、人にも、自分の子供にも、ダメ、ダメ、ダメ以外の対応を知らない人生が待っている。

今、私は、このお母さんの夢を創りに来ているのだから、〝こうしたら〟とは言えない。現状と予兆を表示するだけという夢のルール違反だ。でも、コッソリと伝えてあげたいと思ったら、もう眼の前に、地獄耳のエンマ大王、リア様が来た。白い肌に黄色の薄絹をまとっている。耳もとに唇を寄せてきて、〝コッソリネ、いっしょにやろうよ〟と言う。

――コッソリネの話

私は、エドガー・ケイシー屋さんである。コトバが、すべての始まりであるとよく知っている。「今」は、私がリーディングに一生を捧げると知ったら、出版社が『転生の秘密』の著者ジナ・サーミナラ先生を日本に招待した。１９５０年代のことである。

この時、先生は、ご専門の「一般意味論」を、私に、繰り返し、繰り返し、とことん教えてくれた。

今生で、私が皆さんのために最初に書いたのは、「一般意味論」の本だった。

一般意味論は、人々の言葉は、通じにくいので、通じさせる様々な方法を体験させてくれる学問。私が、この夢の本で、カタカナ言葉をタクサン使うのは、できるだけ多くの方々に、コノ「夢のような話」を通じさせたい一心からで、昔、サーミナラ先生に教えていただいた「一般意味論」を、私らしく活用しているのだ。

私は、「この今、皆さんのお役に立っている」と、目的をハッキリさせて、この方法を選択している。そこで、生命・意識の知恵と慈しみの、私たちみんなのこれからの体験を造る、この「今」の活き活きした働きが、私のメンタル体を通して、こうして働いてくれているというわけ。

このように、「お役に立っている」というコトバを選択し、その働きを信頼して生きていけば、生命の知恵と慈しみが働いて、どなたでも、ご自分らしい方法で、多くの人々のお役に立っているというオモシロイ体験をする。それを、皆さんが選択しなければ、その体験はない。

多くの人は、「お役に立ちたい」というコトバを選択するので、「お役に立ちたい」という、「今」と一緒に、「お役に立っていない」体験をする。

親子は、どんな事情があって親子になっても同じ。お互いが、肉体を体験する前に選択した親子の役割を体験している。そして、お互いに、気がついていなくても、前世を含めて、今生も、親子で同じ生活体験を生き、それぞれの生活体験の記憶・記録を共有する。

親子は、お互いに、それぞれが、自分らしい「私たちみんなのこれからの体験を造る活き活きした動きのお役に立つ体験」を選択して、この人生に、複雑な彩をつけ合っている。

日々の生活の中で、親子の、それぞれの魂体が、お互いに問題を提起して、それぞれの魂体は、お互いに、「お役に立っている」という体験をするために、「今」と一緒に、親子を、永遠にやって行く。

コトバを変えると、いっぺん、ある魂体のお母さんを体験したら、その体験の全ては記録される。そこで、お母さんは、これからも、永遠に、その魂体のお母さんなのだ。そして、両親は、子供の成長に感動するのが役目。毎日の子供の成長や、努力や、子供の自分らしい選択とその体験の成果に感動し、自分の、その感動を、直接子供に、大げさに伝える役。

さらに、子供が目の前にいなくても、折に触れ、時に触れ、「今の働き」と一緒に、子育ての感動を繰り返し、具体的に感じながら、それを日々の喜びにして生活する。

特に、子供が対面した困難に、自分で対応するアイデアを打ち出して、積極的に行動している時こそ、親の感動の出番。自分の子どもの能力や才能にビックリし、感動を込めて褒め、子供の成長のお役に立ってあげる。

――どなたもご家族の調律師

調律屋さんの私は、認知症のご両親の治療を頼まれると、ご両親は、おいでいただかなくても、ご両親の面倒をみておいでの方だけがおいでいただきますようにとお願いしている。

また、様々な心身の障害を体験されているお子さんたちの場合も、ご本人たちは、おいでいただかなくても、「今」が働いて、お子さんたちの調律ができるので、ご心配なお子さんの、お父さんか、お母さんがおいでいただくように申し上げる。

ここで、一言、大事なこと。おいでいただいた方は、ご自分が、これからしていただく必要な対応については、目的のご心配なご両親や、目的のお子さんたちには、一切言わない。そして、おいでいただいた方が、ご心配な方々を目的にして、ご自分が行動され、ご自分がご心配されておいでのご当人たちの心身が正常になられても、目的の方々に、「私が、こうしたからよ」とは言わない。ひたすら、ご一緒に生活している喜びを、いつも感じてさし上げるだけ。

遠くに離れて生活されていても同じ。毎日、そう感じるという、「今の働きと一緒にお役に立っている」と、観じながら生活する。ご自分の、「今」との貴重な体験を、無条件で祝福し、「今」に、感謝し、感動する。これが調律。天に徳を積むという、ごく当たり前の生き方。

時間と空間とその働きは、たった今、この今の自分の、いつものコトバが造るもの。そこで、私は、身近な人や、ネコちゃん、ワンちゃんたちにも、ダメ、ダメ言葉は使わない。

「今、どんなことが楽しいの？　そうか、よしよし。オモシロイネ。大丈夫だよ。うれしい。あの時は、こんなことがあったね。そのときは楽しかった。よかったよ」

これが「今」との一体感。今の自分の感じを「どんな感じかな…」と、静かに観じる信頼という調律の人生体験。これを、治療院においでいただいた方に、実際に体験していただきたいので、目的にされたご本人たちには、おいでいただく必要がない。

治療院に、調律のご体験をされる方が、おいでいただくと、まず、ご心配なご両親、あるいは、ご心配なお子さんの魂体を目的にする。その目的の方々が、どんなに遠く離れていても大丈夫。意識の世界では、「今と、ここ」しかない。目的の方々のお名前を紙に書いておくだけで充分。意識・生命は、私たちがハッキリさせた目的の方に、きちんと働く。

実は、私が目的の方の夢をみてさし上げる時も、同じやりかたをする。その方のお名前と目的を紙に書いて、枕元など、身近に置いて眠りに入って、目的の方の夢をみるのだ。

夢の講習会では、ある問題を抱えていらっしゃる方が、何人かの方々に、ご自分の名前（目的）を書いた紙を渡して、ご自分の問題（目的）への対応の夢をみていただくのだが、問題を抱えている方は、ご自分の問題については、誰にも、何も伝えない。

で、翌朝。その方のお役に立つのを目的にして夢をみた人たちは、頼まれた方の「お役に立つこと」を、自分の夢にみて、それを書き留めて来る。

翌日、それぞれの方が、ご自分のみた夢を絵にかいて発表する。すると、どなたの夢も、問題のある方に必要な夢をみている。時には、複数の方の夢の画面が同じだったりする。

治療の講習会でも同じ。治療をしてほしい方の目的をハッキリさせる。そして、その方とは、何も関係がない、無作為に選んだ別の方を目的にして、さらにまた別の方が、何でもよいが、コトバ、呼吸、動作、感情、タッチ、ヒロガリ、オカーサンなどを、ご自分自身が感じる。すると、ナント、四人の方が一緒に、元気な心身の状態を体験する。

実は、会場の方々が、それぞれに、黙って、ご自分の調律したいところをハッキリさせて目的にしていると、その方々も元気に調律される。

おいでいただいた目的の方のご両親やお子さんは、おいでいただいてはいない目的の方が遠隔地においででも、何十年も部屋に閉じこもっていてお顔を見ていなくても、お家で、この今、目の前にいらっしゃるように、次のような言葉をかけていただく。はっきりした言葉でなくてもよい。全身を使って、そのコトバを感じながら、本気で語りかける。

まず、この今（意識として）、こうして、ご一緒に、家族として生活しているのがうれしい。今まで、どんなうれしい体験（具体的な体験）をしたか。

今も、お顔を見ていなくても、こうしてそばにいて、同じ命、同じ意識をいっしょに生活しているのは、私の喜び…。

最後に、「今、あなたは、このままで、多くの人々のお役に立っているのです。ウレシイ」。「自分が、お役に立っている体験をする」のは、すべての魂の喜びなので、目的の方の魂は、この時、その喜びを体験したのだ。

コノ「お役に立っているのです」の、「の」に注意。コノ「の」があって、この今、私たちは、みんなで、あなたが、「多くの人々のお役に立っているのを認めています」。または、「みんなが、それについて、納得していますよ」という宣言（祈り）になる。

「今」は、一瞬で仕事をする。そこで、直ぐに、頚椎を伸ばして、アリガトと「今」に感謝する。感謝は、「感謝って、どんな感じかな…」と、私たちみんなの魂体と一緒に観じる体験。

コツは、まずハイと受け止め、頚椎を伸ばしてアリガトとリズムに乗って感謝する。顎を浮かしている状態から顎を下げて、それからハと言って顎を挙げ、イで頷く。すぐに顎を挙げてアリガ、そしてトの時に顎を降ろして、上下に飛び上がるリズムに乗って、ハイ、アリガト。慣れてしまえば、「ハイ、ハイ、ハイ」というリズム。

大事なこと。「感謝」は、「信頼感」と同じ表現。人は「ハイ、信頼しています」と、表現する時、感謝と同じリズムに乗っている。私は、このリズムに乗って、世界中の人々の心身を健康に調律している。

さて、その後、私たちは、思ってもみない妙な体験をすることがある。でも、大丈夫。その体験に関して、目的の人を非難、批判、否定し、疑わない。「ハイ、ハイ、ハイ」。

大変だけれども、その変わった体験への対応を、私たちは、オモシロガッテ「ハイ、ハイ、ハイ」とする。

次に、世界中の人々の心身を健康にする波動を持っているヒマシ油の湿布による、心身の調律法を体験していただく。

ヒマシ油の湿布は、治療院においでいただいた方が、お家に帰られたら、ご心配な方を目的にして、ご自宅で、ご自分の体にヒマシ油の湿布をする。これが調律法のオモシロイところ。

ご自分が、ご自分の体にヒマシ油の湿布をしていただくのであるが、そのことを、目的の方々には一切言わない。これが「調律のオモシロイ体験」。

自分が面倒を見ている方々や、頼まれた方々で、目的にしたい方が、自分を含めて、大勢いらっしゃるときには、全員のお名前を紙に書いて目的にし、ご自分が、ご自分の体にヒマシ油の湿布をする。

この方法を講習会などで体験するときは、目的の方々のお名前を紙に書いて、その紙を、『エドガー・ケイシーに学ぶ日々の健康法』という本と本の間に挟んでおく。すると、「生命・意識」は、目的の方々に、キチンと働いてくれるので、すぐに感謝する。

いつもやってお見せしている。こうして、調律健康法って簡単。やるか、やらないか、なのだ。

次は、「今のヒロガリ」が、自分を通して働いているのが「どんな感じかな…」と、観じながらするマッサージを体験していただく。

この時、大切なこと。マッサージする人は、自分の心身を通してマッサージしている「生命・意識の、私たちみんなのこれからの体験を造る、活き活きした今の調律の働き」を、「ヒロガリ」とか、「お母さん」とか、「お役に立っている」とか、「ハイ、ハイ、ハイ」などを「どんな感じかな…」と、「今」と一緒に観じながらマッサージする。

すると、マッサージをしている人も、「今の働きの通り道になって、活き活きとお役に立っている」ので、「今の働き」に調律されて元気になる。

私の場合は、「全ての方々のお母さん（ヒロガリ）が、今、私の全身を通してマッサージされている。アッタカーイ」と、自分の胸椎の2番、3番、4番で、アッタカサを観じながらマッサージする。そこで、すぐ、お母さんに、「頚椎の1番、2番を伸ばして、アリガト」と感謝している。

私たちは、いつも、「お母さん」と一緒。この今、私を通してマッサージされているのは、「私たちみんなのお母さん」なのだ。そのヒロビロした通り道が、私として、ここにいて働かれている。

調律の通り道（ご自分）が、何か考え事をしてガンバラナイ。「何とかしなければ…」などという障害物を、調律の通り道には置かない。邪魔になる。

これは、私がいつも体験している調律法。ご自分が、トンデモナイ人と感じている母親とご一緒に暮らしておいででしたら、その母親を目的にして、アッタカーイ手で自分の体をマッサージしておいでの知恵と慈しみの働きのオカーサンの手の温もりを、アッタカイナーと観じる体験を積めばよい。

こんな具合。例えば、この今。自分の体の凝りに、自分の手を通してマッサージをされているのは、全ての人のオカーサンの手の温もり。なんてアッタカーイ手なの…。すぐに、頚椎を伸ばし、全身で感謝を感じる。「アリガト」。で、コリはない。

さらに、日常の生活の中でもできる超効果的な調律動作（ゆらぎ方）や、いつでもできて、時空を超えて働く即効的なタッチ調律法も体験していただく。

タッチに使うものは、『エドガー・ケイシーに学ぶ日々の健康法』という本とか、両手でする左右タッチや、スムーズや、ウィッチヘーゼルのタッチ、私のＤＶＤのタッチ、身近にあるさまざまな色の中から一つを選択して、体につけるカラータッチなど、いろいろある。それらの波動が働いて、私たちは元気になる。タッチしたらすぐに、「今の働き」にアリガトを感じる。アリガトは、頚椎を伸ばしてする。忘れないでね。

タッチは、とても簡単な調律法。目的さえはっきりさせると、誰でも、すぐにできて、いつでもやれる。このようにして、時空を超えて働くのが調律健康法。オモシロイ。

繰り返すと、時間と空間とその働きは、「今のヒロガリ」なので、遠く離れて生活されているご家族でも大丈夫。自分が面倒を見ておられる方々や、どなたかに頼まれたとき、あるいは、その体験を希望される方を目的にして、自分が、「今」の「通り道」になり、自分の心身を通って行く「今」って、「どんな感じかな…」と、静かに観じながらタッチする。すると、「今」は、目的の人々のところで、きちんと働く。

もちろん、自分が、自分にタッチをすれば、いつでも、即座に、目的にした人みんなが健康を体験する。

何度も申し上げているが、もう何十年も、講習会などで、ある方を目的にしたら、別の方や、自分にタッチして、目的の方の体の歪みをなくしてご覧に入れている。

人々は知らないで生活しているが、私たちみんなで同じ生命・意識を生きている人間にとっては、アタリマエな、ごく普通の体験。

なぜかというと、人間が、この地上で生活し始めてから、自分たち人類が健康になる体験は全部、しっかりと記憶・記録されている。その人類の、膨大な体験にアクセスして調律しているだけのことなのだ。

同様に、「ヒロガリ」や「アリガト」、それに「信頼している」というコトバなども、私たちみんなの、時間と空間を超えて繰り返されている体験の記憶・記録の中で、活き活きと活動している働き。私は、その時空を超えた働きを「今の働き」と言って活用している。

そこで、「世界中の人々の心身の健康」を目的にして、ご自分が、それらのコトバを、ご自分の肉体を通して、「どんな感じかな…」と、「今」と一緒に観じると、間違いなく、世界中の人々の心身が調律される。アリガタイ。

今、こうして地上に生活している方々も、調律をタクサン体験し、記憶したら…。

次に、「この今、自分が生命の働きの通り道として、活き活きとしてお役に立っている」と、「頭と首の体操」を体験していただく。これも、私たちの心身を健康にしている扉を開いて、世界中の人々を元気にする調律法。特に、この体操は、コトバで、天と地の間の扉を開き、風通しを良くする「感謝と許しの調律体操」なので、治療の後や、瞑想の前に、世界中の人々にさし上げる祈りとして、みんなで一緒にやっている。

その体操は、骨盤と両肩、それに両眼を支えている蝶形骨などを、前後（オモシロイね）、左右（ヒロガリ）、上下（信頼感）に、コトバに合わせて動かすもの。

「今の働き」の「通り道」。「みんなで一緒」「それぞれに」「お役に立ってる、立ってる、立ってる、立ってる…」。

回数は決まっていない。まず左右同時に動かす。二、三回動かしたら、左右交互に二、三回動かす。

この祈りの「みんな一緒」というコトバの中の「みんな」は、私たち一人ひとりみんなの、肉体、メンタル体、魂体。そして、「総てなので一つ」として、全宇宙に展開して働いている霊体も含めて、「みんな」と言って、「みんなで一つ」の「生命・意識の働き」に語りかけている。

私の場合は、いつも、自分の体を、このコトバに合わせて動かし、世界中の人々の心身を健康に調律する。これが、人々が若く見え、長生きをする「ゆらぎ調律法」。

第16章　許し

——扉を開く

許す、許されている。許せない、許されていない。人生相談とは、これである。

私は、皆さんにご質問をいただくと、自分で考えるよりも、意識に聞くという体験を選択して生きている。

この今も、リアに、「許しって何なの？」と聞いた。すると——。

アレ、見たことがある情景。大きなビルの壁面を、リアが泳ぐようにして…。そら、また扉の話だよ、きっと。

——許しって、扉。意識の世界では、先を見ると、扉は開く。心を、これからの体験に向けると、開くのが扉。そして、私たちが目的をハッキリさせ、さあ、行くぞと行動し始めたら、すぐに開かれるのが、天と地を結ぶ意識の扉。

許されていない、許していないでは、過去に留まっているので、未来に行く扉が開かないから、先に行けない。

また、疑っていても同じ。疑いの中に留まっているので、先に行くための扉は開かない。目的をハッキリさせて、今のこのままで、お役に立っているという安心感を、肉体を通して観じ、前頭骨を通して先を見る。これがノック。

ヒロガリを観じて、信頼感という許しの扉（頚椎と胸椎の間）が開いたら、ということは、もうすでに許されたので、すぐに感謝し、目的に向かっての必要な対応を決め、具体的に行動する。これを癖にしたら、それが「調律人生」。

信頼感と許しの扉は、「天と地の間にある同じ一つの扉」。

――緩みを感じて心身のコリをとる

私は、日常生活の中で、恐れとか怒りなどの緊張を体験したら、まず、自分の体の緊張を「どんな感じかな…」と、静かに観じる。

すぐ、「オモシロイね」と言って、「オモシロイね」を臍部と両足の指先で感じて、その緊張の体験を、さっさと、ご破算にする。すると、全身が緩んで、骨盤が静かに動く。骨盤が、緩む方向に動いて行くのを静かに感じるのがポイント。骨盤が緩み切ったら、全身の緩みを感じながら、さらに骨盤が緩む方向に動かすようにして全身を緩め、蝶形骨の奥、頭の中を、フワーっとカラッポにして、「今」のヒロガリを観じる。

次に、そのフワーが左右の耳を通して、上部胸椎が緩んでいるのを感じる。そして、胸椎の2番、3番、4番の緩みを、オモシロイねと、両肩を緩めて、前後、左右、上下に、リズムに乗って小さく動かして喜ぶ。そして、胸椎の2番、3番、4番のあたりをアッタカイナーと感じる。

この一連の感じ方を、ボッコと言う。猫が教えてくれた日向ボッコの、ボッコの感じ方である。猫たちは、両方の耳を、胸椎の2番、3番、4番の方に向けて、そこに、当たっている日差しを、お母さんの手の温もりと、お母さんのやさしさに見立てて、静かに感じるのをボッコと言っている。

こうして、肉体の動きを通して、体が緩んで行くって「どんな感じかな…」と、自分自身の体が緩んで行くのを、静かに観じる選択を体験する。これが、「許し」。

私は、こうして肉体が緩むのを感じるのがオモシロいので、自分の過去にこだわるコリはない。過去にこだわる考えがコリ。自分の過去の体験を許せないという考えがコリ。

で、「今」の働きを自由に体験できる私たちの許しの目的は、いつも、自分を含めて、身近な人々を非難し、批判し、否定し、疑うという、許せない、許されない、許していないコリを目的にして、自分の肉体を緩める選択とその感じの体験。

目的をハッキリさせたら、自分の肉体の緩みを「どんな感じかな…」と、静かに感じるのが許しの体験。許しとは、緩みの体験。

私たちは、肉体を持って、その「許しの体験」がしたくて、わざわざ地上に生まれて、心身共に、なかなか緩まない人生を体験している。

――許しは信頼感

前にも述べた、「ハイ・信頼しています」というコトバをリズムで感じる方法もある。

私たちが、「今」に「信頼していますか」と聞かれて、「今」に「ハイ」とお答えするときには、両眼を見開いて、顎が上がり、それから頷く。

「ハイ」の「ハ」の時に、顎が上がり、口が開いて、空気を頭蓋腔に吸い上げる。

「イ」の時には、「イ」と同時に、脳梁から空気を吐いて、頷く。

これが、私の具体的な「信頼感の体験」。

私は、「世界中の人々の心身の健康」と、目的をハッキリさせたら、オモシロガッテ、「ハイ」、「ハイ」、「ハイ」と、三回、リズムに乗り。頭蓋腔で呼吸している。

「ハ」の時に、頭蓋腔に「信頼感」を吸い上げて、「イ」の時に頷いて、脳梁から、皆さんに感謝をさし上げている。

多くの心身の病気の原因は、許されていないという怖れ。また、すべての関節炎は、許していない怒りと、そのストレスの抑圧。

そこで、私が、皆さんから、人生相談や健康相談をいただくと、皆さんを目的にして、「今の働き」への信頼感に、ハイ、ハイ、ハイと感動し、自分を「今の働きへの感謝」で調律して、総てを許し、調律している。そこで、皆さんも許し（癒し）を体験する。

――許しの夢

おせっかいリアが、妻子ある上司と別れられなくなった女性の夢を、一緒に造りに行こうよと誘いに来た。

この夢は、私が、世界中の人々のお役に立つこの本のために、リアにお願いして、「許し」を目的にしてみた夢。

会社の女性たちに評判の良い、スポーツなら、何でもこなす課長が、この部下の女性を、ゴルフや食事に誘って、自分の妻が、いかにダメで、家庭の中で、自分が　どんな立場に立っているかを、しみじみと聞いてもらっていた。

でも、この女性を別れがたい関係にするには十分だった。

この女性は、自分を決して飾る人ではない。さりげなく装っている。そして、近づいて来る男性が、その強さを前面に出すと、もう嫌になってしまう。

そうではなく、自分に、男性が弱い面を見せると、とても好ましく感じてしまうのだ。

それは、自分の父が、まだ幼かった自分に見せていた、理不尽で、高圧的な態度に対する反感が、自分の肉体と人生を圧迫しているからだった。これが「コリ」。

過去の父親に対する恐れや怒りの感情を、「どんな感じかな…」と、自分の肉体で意識して、魂体で観じ、総てを全宇宙に展開している生命・意識のお働きにオマカセするという、許し（緩み）の体験をしていないので、許せない。

目的をハッキリさせて、「全身を緩める方向に移動して、緩みを体験する」という、「緩みの体験」を選択していないのだ。そこで、私がみた夢。

小さな、明るい体育館で、若い女性の体操の先生が、軽々と動いて体操をしている。自分も、体を動かすのは得意。すぐに、先生の演技を真似て、軽々と動いてみた。

先生から助言があった。

「宇宙のヒロガリとの一体感を全身で感じましょう。そのために、いつも、顎を浮かして、胸椎の2番、3番、4番を伸ばし、左右の肩関節を様々な方向に動かして感じる緩みと、そのヒロガリを、『どんな感じかな…』と観じているのが、心身の緩みの体験です。

足の母指球で立って、両方の膝を緩め、その緩みを感じながら腰椎の4番から動きます。

両足の指はよく動かし、全身で喜びを感じながら動いてください。全部の指で、喜びを感じながら動くのです。そのために仙尾関節は、いつも緩めて、前後に動かし続けます。

喜びを感じながらということは、臍部で喜びを感じ続けるということです。そこで、体を動かす時には、臍部の位置は動かしません。

両肘はいつも下ろしておいてください。両手を上げても、両肘は下ろしているということです。

両方の手のひらは、上向きで天地のヒロガリを感じて、そのヒロガリの感じを、天地にさし上げるように動きます。手のひらを下向きにしますと、両肩が緊張して、全身が、軽々と動かないからです。

両手の指は軽く開いて、感情をこめて、静かに動かし続けます。

体の全ての動きは、まず尾椎、それから、腰椎の4番が動いて、準備をし、準備ができたら、胸椎の2番から動きはじめます。

すると、両肩が緩んで、左右両方の手首は、全身の動きに連動して、それぞれが、柔らかく、自由に屈曲、回旋して動き回ります。アリガト、アリガト、アリガトと、感謝の緩みを、頚椎で感じながら、リズミカルに動いてください」

夢の中の女の先生は、問題を提起した女性の中の、「積極的に行動する男性性」を表している。その先生の体操を、すぐに受け止めてやってみたのは、その女性の中の「受け入れ、育て、それを発展させて、多くの人々のお役に立とうとする女性性」。

多くの人が、許しは、自分以外の人や物事を許すものだと思っているが、自分が家庭、学校、職場で遭遇する嫌な人物や物事は、自分が、今生で、「許し」を体験するために、自分の魂体が、あらかじめ用意しておいた設定を、自分が体験しているだけ。

で、「許し」とは、「許しって、どんな感じかな…」と、肉体で感じ、同時に、魂体で観じていること。そして、その記憶・記録が許し。

次に、これから、自分はどういう体験をするかという目的をハッキリさせる。それから、頚椎と胸椎の間の扉を開いて、「今」の「ヒロガリ」が、自分の肉体を通してお役に立っているという喜びと、両肩を動かして感じている自分の肉体の緩みを、「どんな感じかな…」と、「今」と一緒に静かに観じるのが、許しの肉体的な体験。

考えない。顎を浮かして頚椎と胸椎の間を広げ、天地の間の扉を開いて、この今も、自分を通して、宇宙中で働いている、「今」の「ヒロガリ」の働きを感じ、信頼し、喜び、感謝し、全身で感動する。その感動を、自分の肉体を通して「知恵と慈しみの働き」と一緒に表現する。信頼感と同じ体験。

この私の夢という舞台の体操の先生は、いつもは、カワイイ子供のエンゼル姿のリアが、私たちみんなのお役に立ちたくて、体操の時の体の動きも見てもらえるように、若い女性の先生として出演したもの。

この夢もそうであるが、夢は、夢をみている人々を、決して非難、批判、否定しない。現状と、その先の体験を示してくれている。

それを受け止めて、その後の自分の目的をハッキリさせた選択とその体験は、私たちが、自分自身でするもの。

――ヒロガリを感じる調律体操

私たちの全ての選択と目的は、コトバである。自分が、非難、批判、否定するコトバを選択すると、それを、これからの自分の体験にする。「今」に、自分の目的をハッキリさせて、「ヒロガリ」や、「お役に立っている」、「アリガト」などのコトバを選択し、肉体の動きで、それらを感じると、「今」が働いて、喜びや許しを、私たちの具体的な体験にする。私たちのお役に立ちたい「今」は、私たちのためにキチンと働くので、すぐに感謝する。アリガト。

私たちは、意識的にも、無意識的にも、自分の考えるコトバの選択が優先するので、自分の日ごろの言葉にも、十分に注意して生活するとオモシロイ。

そこで、快適な、許しの人生を送るためには、自分が、気づかずにしているつぶやきを含めて、いつものコトバの癖に注意しながら、喜びと感謝のコトバを、肉体を通して積極的に、「今」と一緒に観じてさし上げる（ヒロガリを観じる）生活をする。

私は、「この今、世界中の人々の心身を健康にしている」を目的にして、この夢の通りの体操をしての毎日を送り、具体的に、皆さんのお役に立っている。

この人生は、「この今、お役に立っている」。これである。私たちは、誰でも、この今、お役に立っている素晴らしい存在。みんなで、同じ一つの生命・意識を生きている。

また、言葉・呼吸・動作・感情・ゆらぎ（リズム）・タッチ・ひろがり・お母さん・アッタカイ・やさしさ・信頼感・許し、アリガト、カッコイイナ、カワイイ、輝き等々を、全身で、「どんな感じかな…」と、自分の体の感じを通して、「今」と一緒に、静かに観じても同じ。働き者の「今」は、自分を通して、世界中の人々に、きちんと働いてお役に立ってくれる。

私が、霊的な天地の境目を肉体で感じるときには、頚椎の7番と、胸椎の1番の間（許しと同じ場所）である。それを、背中の胸椎の2番、3番、4番と、胸の胸骨の左右の乳頭を結んだあたりを、両肩と連動させて、前後、左右、上下に小さく動かして喜び、すぐに感謝する。

私が、体を動かすときには、まず、腰椎の4番が上に伸びて準備完了。そして、胸椎の2番から動き始める。

呼吸は、胸椎の中ほどの左右の肩甲骨の間を動かして、希望で胸腔を膨らませながら生活している。

これらも、昔、大きな池のほとりで、瞑想をしていた時に、仲が良かった白鳥に聞いたもの。もしかして、天使たちは、天と地を結ぶ仕事をしているので、象徴的に、羽で上部胸椎を使って、天空を飛んだり、胸腔を膨らますために、弓を引いたりしているのかもしれない。

私は、一体感（ヒロガリ）を感じるときには、胸腔を広げて胸に空気を入れ、顎を浮かし、蝶形骨で宇宙の始まりを見ながら、前頭骨でヒロガリを観じている。このように、肉体にセットされた天地の境目、頚椎と胸椎の間の扉を緩めて、いつも、「今の働き」の通り道を開けておいたら、天と地がつながっている状態を体験するので、「今」が働きやすい。すると、人生も楽。私たち一人ひとりの許しのオモシロイ選択と、その体験。

リーディングは、「頭と首の体操」といって、毎朝、立ってやって、習慣にする体操を勧めている。

また、頚椎は、私たちが、頭を下げて感謝すると言うように、感謝の通り道。私は、上部頚椎を伸ばして神に感謝し、下部頚椎を伸ばして周りの人々に感謝している。

こうして、私たちの毎日の「体操」とは、霊体（ヒロガリ）と一緒に、魂体、メンタル体、肉体の全ての「体」を動かして、その緩みを「広々と感じる」信頼感と感謝の体験。

――ヨロコビ

この今、多くの人々が、それぞれ違った過去世を背負って生活している。そこで、それらの人々の立場、立場で、無数の違った人生体験が存在する。

それは、今生で、自分がどんな生活をしているかをよく自覚し、自分がどんなことを問題にしているか、どんなことを問題としなくてはならないかによって違ってくる。それが、個人個人の人生体験が必要な理由。

例えば、幼児が悪いことをしたとき、いちいち厳罰で対応することは、その幼児の成長、発育に悪影響を与えてしまう。これを、まずは許し、幼児の状況をよく知ってから、ずっと先の方を見て、お互いが楽しい方向に誘導するのが知慧のある楽しい生活である。

子育ての原則は、自分の目を丸くして聞く。「今までどんなことが楽しかった?」。そして、「これから、どんなことをして楽しみたいの?」なのだ。こうして、お互いに、ヨロコビという魂の糧を、日々に楽しむ。

そう考えると、改めて、エドガー・ケイシーがくり返して私たちに言っている〝決して嫌ってはいけない。魂の糧とは、やさしさ(お役に立つ)、忍耐(許し・理解しようとする)、辛抱しつづけること(支えつづける)〟という言葉が鮮明に理解されてくる。

さらに、このことを単に理解すればそれで終りということではない。これから選択する、数多くの人生体験の中で、それらを積極的に選択し、工夫し、体験してこそ、人類の華麗な魂の記憶（貴重な記録）になる。私たちは、そのヨロコビのために、こうして肉体を持って、自分らしい人生を体験している。

――リーディングお勧めの運動は、歩く・泳ぐ・自転車こぎ・乗馬・ボート漕ぎ

このように、リーディングが私たちに勧める運動の中に、乗馬がある。そこで、初めてケイシーの健康法の本『エドガー・ケイシーの人生を変える健康法』を書くにあたって、自分が体験しなければ始まらない。「自分が体験しないことは、人に勧めない」。これがケイシー屋さんの鉄則。

すぐに、乗馬クラブに行った。もう四十五年も前の話である。

かつて、モンゴルの大将と言われた男である。それに、動物と話ができる。正確に言うと、私が、動物の話が分かるというより、動物たちが、私の話を聞きたいのだ。

若いころ、山や、そこに住んでいる動物たちに、自分が、生命・意識の祝福の働きの通り道となって、コトバをかける体験がしたくて、昼間ばかりか、真夜中でも、山を歩き回り、山で寝泊まりしていた。

すると、いつも、兎、雉、オコジョ、カモシカたちが、それとなく寄ってきて、しばらく一

緒にいる。また、不思議なことに、初めて行く場所なのに、山も、動物たちも、私が来るのを、待っていて、多くの生物が、大喜びで迎えてくれた。

乗馬クラブで、私の担当の方は、私を見るなり、「ちっちぇケツしてんな」と言った。

騎乗時に、馬を制御するコトバは、自分自身の骨盤と脚と足の動きである。そこで担当者は、私の小さな骨盤を見て、正直な悲鳴を上げただけ。

私は、「はい、どうぞよろしくお願いします」と答えた。

大切なことを言う。当然、私が、担当者に向かって、これを言っているが、「知恵と慈しみの、私たちみんなの、これからの体験を造る、活き活きした働き」に向かって、心を込めて言ったのだ。同時に、ケイシーの健康法の本を書くと言う目的をハッキリさせて、乗馬の体験を選択している「自分という存在（目的）」にも声をかけた。

私は骨盤を、いつも、よく緩めている。柔らかいし、よく訓練されていて、微妙に動かすことができる。そこで、馬が、私の骨盤で伝えるコトバをよく聞いてくれたので、すぐに乗れた。

乗馬クラブでは、乗るだけではなく、馬の世話もしたいと言ってお願いし、初めての日から、乗った後、直ぐに、馬に水を飲ませ、馬のおなかの下に入って、馬の足を洗った。

それを、つぶさに見ていた担当者が、私の気持ちを認め、私を積極的に鍛えてくれた。

そして、三か月も経たないのに、オリンピックなどの競技場と同じようにセットされた障害を跳んでいた。馬が障害に足を引っかけて転んでも、私は転ばないので、「牛若丸」というニックネームを頂いた。

なぜ転ばないのか、話は簡単。多くの人は、馬の背中に乗っているから転ぶ。私は、前世の体験を踏まえて、地球の上に載っていたので、馬が転んでも、自分は、地球の上に立っていて転ばなかっただけ。

そして、もっと簡単な理由は、馬と一緒にいない時も、自分の子供に言うように、朝から晩まで、馬に、カワイイネ、大好き、ウレシイヨ、すごい、大丈夫だよ、ごめんね、今度はこうしてみようか、オモシロイね、カッコイイ、アリガトなどと、一日中、全身で喜びながら声をかけていたから。ここが意識屋さんの強み。

さらに、こうして、馬がよく懐いてくれたので、馬が、障害に足を引っかけたら、とっさに、「転ぶ」と、私に教えてくれた。

当然、私も馬も、同じ一つの生命・意識・コトバを生きていて、「今」の働きの通り道なので、「今」の「生命の知恵と慈しみの働き」が、私たちを通してコトバとして働かれているからとも言える。

そこで、私は、いつも馬とおしゃべりしながら乗った。障害を跳ぶ時も、これから跳ぶ障害を目視し、骨盤で方向を報《しら》せ、誘導した。そして、跳ぶときは、馬よりも一瞬先に、自分を空中に浮かしたので、馬は、私の体重を感じないで跳んだ。

この時、私に一番懐いたのは、濃いチョコレート色の、バロンという名前の馬だった。

第17章　夢解読の実際

――まず夢を記録しよう

◎目的

エドガー・ケイシーは、何事をするにも目的をハッキリさせることを第一にしておくとよいと言う。夢の記録もそうだ。そして夢を記録する目的は、現在、自分がよく注意しなければならない問題点に気づくようになること。そして、日々の生活の中に現れている予兆に気づくようになること、それによって、より深い人生を体験するため。

◎決意

みた夢を、必ず書留めるという決意をし、潜在意識にはもちろん、布団や枕にもオネガイシマスと言っておく。

◎準備（メモ用紙と鉛筆）

少し大きめのメモ用紙か便箋を用意し、右利きの人は左肩の先に置き、その脇に鉛筆をそえる。まず、暗がりでも書けるように練習をしておく。縦書きは字が重なりやすいので横書きにし、行が重ならないように左手の指で行を示し、指先から横に書きはじめ、指を下にずらして行を変える。

言葉で説明するのに煩雑な情景は、簡単な絵にしてしまう。例えば、階段を上り下りするは、斜めにギザギザを書いて階段。その上側に沿って、矢印を互い違いに二本書く。

夢をみたら、目を開けないで書くのがコツ。目を開けたら、意識が、あのトビラを通過して、もどって来てしまい、夢は、ユメのカナタへ消え去ってしまう。要するに、ユメウツツの状態で書いてしまう。

長い夢は、要点だけを列記する。紙がいっぱいになったら切り離し、書き終った順に重ねておく。そのうち、夢を書留めた夢をみる場合もあるが、気にしない。

そして大切な夢は、くり返してみる夢、印象に残った夢、カラーの夢、語りかけてくれる夢である。朝、一応目を通して、さらに印象づけておく。そして夢をみていたときの自分の印象を、思い出して書き足しておく。

◎解読

夢を解く仕事は、昼間の貴重な人生体験を裏打ちする人生体験である。何のことはない、自分が気づきにくい、カクサレタいつもの想いとか、考えのクセ、自分に見えてこない自分の姿などを客観的にみせているのが夢なのだ。

求めない人には何も与えられない。人は、自分が見ようとしているものを観るだけ。人は、興味のないものは、なかなか気づかない。そういう一生を送っている。

また、積極的に人生途上に起きる様々な疑問の解答を求めて寝ると、その解決が夢に現れる。世の多くの発明、発見、創作は夢に教えられている。

二つ有名な話を例にとろう。

◆事例

「ケクレ・フォン・シュトラドニックというドイツの化学者は、複雑な化学方程式を、なんとかしてスッキリしたものにしようと考えていた。考えることに疲れて眠ってしまった。夢の中に、いくつかのヘビが現れて、それが動きまわっているうちに環になった。それをヒントに、ベンゼン環という、現在も広く一般に使われているわかりやすい表記法が生まれた」

「日本で、はじめてノーベル賞を受けた湯川秀樹博士は、原子核の構造を、夢によって教えられた」

◆応用

夢を記録しはじめ、それに慣れてくると、昼間でも、「リア、お願い」と言って、ひと眠りすれば、問題の解決のヒントを与えられるようになる。そのとき、何も夢をみなかったとしてもよい。アリガトと、感謝の気持で日常の業務につくようにすれば、いつもの生活の中で、夢に求めていた解決への糸口を見出す。

それによって、以前に、自分がうっかり、無意識に求めてしまったものにも気がつき、自分が、無意識に求めているものは、何なのかを整理でき、自分が、今、何をやっているのかを自覚するようになる。これは、今現在の自分を知る一つの効果的な方法である。

――夢を利用しよう

今、私のテーブルの上には、夢を解釈するために用いている資料や覚え書き、多くの方々の夢の例が広げられて、カルタとりをするような状態になっている。ここで、私がどうやってこの本を書いているかお話しするのも、一つの参考になるだろう。

そこで、実際に私がやっている方法をそのままお伝えしよう。

本を書くための夢――。

ずらりと燭台が並んでいる。自分が外国の人に、どのようにしてローソクを立てると、ローソクがいつまでも立っているのかを、実際にやって見せて教えている。

この外国の人とは、ローソクの性質を知らない（夢の本を書くということに無知な）自分自身で、実際にやってみなくては、ものにならないことを潜在意識が示している。

誰かが、ハンドルを握って自動車を運転している。私は後部座席を倒して寝ている。運転手が左のサイドミラーを気にしている。これでは、自分が前方を見張らなくちゃ。この先はカーブになっていて、交叉点の信号は赤だ。

寝ている私は、自分の潜在意識である。
今朝の、次の夢も、前の夢と同じ型の夢である。
超ワイドの映画を最前列の左すみの座席に座って見終えた。どうも画面の左ばかりを見てしまったようだ。次の上映までの間に、立って中ほどの席へ移った。そして再び同じ映画を見ようとしている。

そこで、次の一文を書いた。

これまでに、皆さんは、人間とは永遠を生きている意識であることを知った。意識には多くのレベルがある。浅いレベルでは、地上で肉体を持って様々な体験をしている。その奥には、魂体の潜在意識というレベルがあり、浅いレベルの想いの選択と体験の全てを永遠に記憶（記録）している。この魂体のレベルから奥の意識が、永遠を生きているのだ。だから魂体は老いない。老いないから忘れることはない。

魂体は自分が記録している想いの全てを集計して、バランスを取るような人生を選び、それを、地上の生涯の中で、実際に体験させる働きもしている。そのために、人間は地上の生活を幾度となく、くり返す。こうして、自分が想い、体験したことの全ては、記憶・記録され、世代を超えて、人々のお役に立つ体験になる。

自分はこの人生の中でも、夢の中でも、自分の想いに出会うのだ。夢は、日中の想いを比較検討して、その想いがどういう意味であり、これから、どういう体験をするのかを教えてくれている。

　また、人間には自由意志があり、神に逆らう方向に迷い出ることも許されている。しかし最後には、神の許へ帰り、全ての体験を神、最高で最奥の意識にお返しして、それと一体になる。

　こうして、人生とは、自分の最奥にある最高の意識を、自分を通して表現することであって、自分の想いを表現することだけで終わりではない。

　これらをよく理解し、自分の人生に、ハッキリとした理想を決めて生活すると、今が見えてくる。そのとき、自分の問題がどこにあるのかに気づく。人が、この世で体験するために持っている困難な問題こそ、その人の魂体が、こうして、地上の生活を体験する目的である。この問題意識が、自分の夢を解いてくれる。

　また、自分の夢を解釈し、それを生活の中で活用する体験によって、夢の質が変って行く。やがて、今日の自分の意識の質に気がつき、明日はどう行動すればよいかという選択ができるようになる。

　このように、私のテーブルの上には、所狭しと広げられた、たくさんの夢のメモがある。しかし、これらの夢を分類する良い方法が思いつかない。そこで、例のオネガイシマスと、アリガトをやって寝ることにした。すると次の朝、こんな夢をみた。

　夢の中で、リアが、次のように言っていた。

「この世で、夢を解くのが一番うまい職業の人は落語家よ。これは、あなたの同級生だったチラク師匠に聞くといいわね」

するとすぐに、師匠が夢の中に登場した。細おもて、角刈り頭、藍色の着物を小粋に着こなした二十七、八歳の青年である。

その日は、日本エドガー・ケイシーセンター設立のための打合せがあって、原稿を書くために机に向えなかった。だから、一日置いた次の日。私は、このチラク師匠をお呼びして、今から、師匠のアイディアをお聞きしようというわけである。

こういう時は、身体を静め、目を閉じて、閉じた目の奥に意識を置いて、センター設立の希望で、胸をいっぱいにヒロゲタ自分が、夢に出てきたチラク師匠になりきり、同じ質問を、自分にすればよい。

すると、次のような夢が展開した。

チラク師匠の頭の中には、オナジミのハッツァン、クマサン、横町のゴインキョ、カカアたちが大勢いて、それぞれが掛けあいでオモシロイ話をしていた。みんなに、夢を解くための分類方法をたずねてみたら、ハッツァンが、

「夢を解くなんてもんは、この金魚の水槽の水を仕分けするようなもんだ。右スミ上、左スミ下とかね」

クマサンが言った。

「ハッツァン、それはイケネーネ。こうやって手を入れて、オッ、ツメテーナ。グルグルとかきまわしたらどうなるんで」

「そんじゃあ、はじめから容れ物に入れて、あれは山の清水、これは水道の水と区別すりゃい

いんじゃネーカ」

「イイカ。チョットあっち向いてろ、と言って、容れ物の位置を変えられたらワカンネーヨ」

「オッ、いい手がある。容れ物の形を変えとけばいいんだ」

　こんな具合である。

　夢って、自分の意識が形（容れ物）になっている。現在の想いと、それを元にして起こってくる未来の予想などを形（容れ物）に表して、考えに夢中になっている私たちに気づかせようとする潜在意識からの通信なのだ。

　例えば、私は、懸案のエドガー・ケイシーセンター設立の動きが、この寒い時期に、やっと具体的になることを知っていた。こんな夢をみたからである。

　冬の朝早く。来る日も来る日も、小さな流れから水を汲み、二宮尊徳の造った酒匂川の堤防のかたわらにある田んぼに撒いて、氷を張らせた。だんだんと厚みを増して、うす緑色になってきた。そしてある朝、固い氷の上で鶴とアイスダンスをしている。

　この二年間、せっせと働いたが、予定よりはるかに遅れて、首を長くして待ったものが、天から舞い降りて、いっしょにアイスダンスに興じている。オメデトウ。天から地上に降りてくるものは、良いもの（メデタイこと、能力など）を受ける意味がある。

　また、この夢の導入部分で、主題としてではないが、二宮尊徳が登場している。幼名を金次郎と言い、貧しい農家に生まれ、苦労を重ね、人々に、質素、倹約を奨励して、ついに農政と財政の大家になった。これは、寒さの厳しい時期に、毎朝、水を汲んで田圃にまき、だんだんと氷の厚さを増して、ついに、おメデタイ鳥である鶴とダンスをするまでになった私の意識の容れ物の別の表現である。

このように、しっかりしたテーマが、自分の人生にあって、自分が、今抱えている問題を知っていることが、夢を解く鍵。

当然、私のような夢解釈のアドバイザーも、他の人のみた夢のアドバイスをしてさしあげているが、実際に夢を解き、それを、現実の生活に応用する体験をして行くのは、その夢をみた本人以外にはない。

夢をみて、その意味に、思いをめぐらせるのが、自分の潜在意識との対話。

こうして、自分で自分の夢を、潜在意識と話し合いながら解くことが、自分の人生をよりよく理解する重要な体験になる。

——夢に聞いてみよう

夢の相談に乗っていると、さまざまなケースに出会う。例えば、それぞれの方の個性によって、より現実に密着した意味のある夢をみる人がいるかと思えば、一方、より空想的で、現実離れした夢を数多くみている人もいる。

私のみる夢の特徴は、夢で語られている言葉が、はっきりした意味を知らせてくれるということだ。

第二次世界大戦が終わる一年ほど前に、当時住んでいた東京の東、葛飾の柴又で、こんな夢をみた。

私が、江戸川堤に掘られた防空壕に入っていると、キチッと閉められた扉の、すぐ外で、イギリスのチャーチャル首相と、アメリカのルーズベルト大統領が、「日本は敗けた」と、話している。

――この世は仮装の世界

夢という意識を入れた容れ物の形は同じ象徴であっても、その意味は、年齢、男女、国、地方、宗教、教育、読んでいる新聞などによって千差万別である。

日本人にとって、この世とあの世の境には三途の河が流れていて、うっかりと越えられないものの象徴となっている。これがアラビア人には砂漠、ハワイの人には海原、アメリカ大陸の西部に住んでいた人々にとっては、山の絶壁がその象徴となると言われる。

ところで、あるとき、リアが、その三途の河原につれて行ってくれた。

「三途の河原の手前には改札口があって、そこを通る人たちは〝過去世〟という定期券を見せて通過して行く。改札口を出ると、三途の河には、通る人をお喋りにするユニークな橋がかかっている。そこまで来ると、橋が、人々をオシャベリにしてしまう。

見ていると、この橋を渡った世界では聖者であるが、橋を渡る前、肉体を持っていたときには商人だった人が、〝いかに商買をすべきか〟を声高に論じている。

一方、自分がどういう存在であるかを知らない人たちも渡って行く。

アッケにとられている私に、リアが言った。

「この世は仮装の世界よ。みんな仮装しているの。病気も不幸もその仮装。仮装を早くはずすといいのに。今生の、この生活を、前世のできごとと見立てて、来世を生きている自分の眼で、今生をどう生きて行くか決めるといいわ」

自分の理想をきちんと持つ人は、この生涯で、人にだまされても、人から裏切られてもへこたれないで、人々を親切にもてなす。貧しく下積みの仕事をしていても、そんなことは、気にもかけずに、自分がしなければならないと想うことを、きちんとこなしていく忍耐ができ、そこから来る手柄も人にあずけて、身近な人々のお役に立っていく姿勢をつらぬく。

すると、自我の曇りが消えて、最高で、最奥の意識の輝きが，魂体を通してやってくる。誰でも、その輝きを表現するために、こうして、地上に生まれて生活している。

――生まれるときの夢

リアは、私がこの世に生まれる前を、夢でみせてくれたことがある。

リアは、次の生涯のアウトラインを決め、肉体と両親を選定して、惑星の位置を計算に入れ、受胎する。

このときから、メンタル体の訓練が始まる。

「この人生では、素顔の自分を演じることよ。自分が頭で考えて、こうあらねばならない自分を演じようとすると、うまくいかないわよ。フリをしていたら結論は出ない。なるたけ、素顔の自分を観て、自分がほんとにやりたい、オモシロイ人生を、思いっきり表現していらっしゃい」と言うのが、リアの口ぐせだった。

要するに、今生で、自分がやりたいことは、どんどんやんなさいよと、私に、ハッパを掛けていたのだ。

また、〝私はできない〟と、自分を非難、批判、否定するコトバを使わないで、〝私はやりたくない〟という方が、心の負担は少ないと注意してくれた。

このとき、私はリアといっしょに、リアが選んだお母さんの周りをウロウロしていた。だから、父のことも、祖母のことも、周りの人たちもみんな、親しい間柄になっていたのだ。

エドガー・ケイシーによると、多くの人は、誕生と同時に肉体に入るが、遅い人は肉体が生れた後も、その周りをウロウロしているそうである。このように、多くの赤ちゃんは、誕生のときの意識をお母さんと共有している。

人によっては、赤ちゃんがおなかに入るより前から、もう対話を始めている。

あるお母さんは、今、高校生になる長男とトテモ仲が良いが、その子を受胎したとき、夢の中で、赤ちゃんの姿をしたこの子が膝の上に登ってきたり、あたりを歩きまわって、「オネーちゃん、ナニモシンパイナイからね」と言っていたという。二人は前世で、姉弟か姉妹だったのだろうか。

――夢とは何だ

夢の内容は、良い夢も悪い夢も、ほんとうの自分自身としての魂体から、この世を生活している私たちに送ってくる連絡である。私たちは、いつも自分が求めているものに、現実でも、夢の中でも出会うもの。

その情報は、私たちがどこを、どう通っていても、結局のところは、人間が真に求めるのに価するもの。人間の誰でもが目指す方向。いつも、生活の中に見出して意識しておくものは、人間の帰って行く先。それは、自分をシズメルと、そこにある最高で最奥の意識の営み。

この人生は、その栄光を意識し、それを実感し、肉体を通して表現すること。

夢は、結婚生活、子育て、隣近所とのおつき合い、学校や職場での人間関係、自分の性質に関すること。仕事、業務、趣味など、真剣に求めているもの。生活態度。そして肉体の排せつ、食物の選択、様々な危険などを知らせる情報や現在の問題点を、様々な容れ物に入れて教えてくれている。

次は、最近の私が、夢をどう説明しようかという悩みに対して、リアがどんどん送ってくれる夢の例である。

お正月、若い女性がキレイに結った日本髪で，銭湯の湯舟につかっている。その頭を湯の中にそっくりひたして、髪を結うのに用いた薬品など、不用なものを湯の中に溶かし出している。風呂屋のオヤジがやって来て、湯が少ないから気をつけるようにと、女性に声を掛ける。

これは今、頭の中にギッシリつまっている、解かねばならぬ問題を解決するのに、いらないものを捨て去るという消去法でキレイにするよう求めている。

湯船につかっている若い女性は、問題を受け止め、整理して、人々のお役に立とうとしている、私の中の女性性を表している。

一方、風呂屋のオヤジは、目的に向かって突き進む、自分の中の男性性を表し、この今、私が注意することをハッキリと伝えている。「自信（お湯の量）をイッパイ観じながら行動せよ」。

同じ意味の夢でも、場合によって、人によって、時によって、次のような夢にもなってしまう。

電気工事屋さんになった自分が、色分けされたコードの束をつないでいる。そして、よじれたコードをしごいて、シツケて（目的をハッキリさせて）いる。

このように、同じ意味の夢でも、人によって、場合によって，異なった夢として伝達されるので、何の夢は何の意味と決めつけるわけにはいかない。

――夢の象徴的な意味を知ろう

朝、目が醒めてから枕もとを見ると、印象に残った夢、くり返してみる夢、夢の中で語られた言葉、数字、色、夢に登場する物の形、構造（夢では考え方や感情が、ものの形で表現される）が書かれているはずである。

起きあがったらすぐに、それらをチェックして、読みにくい文字を判読し、読みやすい文字に書きかえる。同時に、書いてある夢を読みながら再体験し、その場面で、自分がどう感じていたかを書き加えておく。

この夢の中に、自分では気づきにくい自分の姿が見えている。

●こわい夢――言葉でも、態度でも、自分を含めて、人をオドカシテイル自分と対面している。自分の人生に対する態度、身近な人に対する想いと対応に間違いがある。

●具体的な夢――いわゆるマサユメと言われている。現在か未来の現実の体験。親しい間柄では同時に同じ夢をみたり、一方の危機的状況を夢にみることがある。

●自分が行動している――行動してうまくいったなら、その体験を充分に積んだ意味。うまくいかなければ、その体験が未完成で、学ばなければならない課題が残っている。

しかし、どちらにしても、積極的に行動している夢は魂体にとっての快感で、肉体も健やかである。それが具体的であれば、さらに良い夢となる。

例えば，魚といっしょに泳いでいる夢よりも、釣り上げる夢の方が良い。さらに、捕まえた魚を食べた夢はもっと良い。それがオイシかったなら、なおさら良い夢。
●自分は何もやらないで、ただ見ている――これは多くの場合、準備は整っているから、すぐに行動をするように勧めている夢。例えば、青い海に大きな波が立っている。自分は海辺で、ただそれを見ている。カラーの夢は、希望を表す。そして大波が、今がチャンスと伝えて、積極的な行動を促している。
一方、ただみている夢でも、ゴタゴタしていなくて、象徴的なできごとがスーッと展開していたり、何かを教えられていたり、知的な眼でそれを見ている場合には、今考えている問題についてのヒント、アイディア、発明、現在の状況の説明である。
●別の人が、何かをしているのを見ている――夢に出て来て何かをしている自分以外の人は、自分の課題を自分に代って表現している。その人の欠点は、自分の欠点。
そして、この世の生活の中で、気になっている人の欠点は、まさに自分が学ばなければならない弱い点。魂体から、その弱点を強化するように、促されている。

その夢は、一方で、今、自分がしなくてはいけないことをするように促している。
●隠している、または、あばかれる――思い出したくない体験があって、無意識に隠している。多くは幼児期、児童期の恥ずかしい想いや行為。大人になった時点では、それに向き合えば、許されるものでしかないが、幼い時のショックになっている。

まれに、前世から持ち越したものもあるが、それらは、眼前にある問題をクリアすることによって解決する。

また、自分が墓をあばいているのは、もう済んでしまって、問題にしなくてもよい過去を、むしかえして心の負担にしているという意味。

他の人のプライベートなものに対する異常な関心を抱いていても、何かをあばく夢をみる。

●よごれている。きたない。不衛生——自分の肉体環境、住宅環境、食事、食物の衛生状態の悪化。多くの場合、オトイレへ行って必要な排せつをしなさい、という警告。

また、他の人へのおもいやりに敏感な人も、この夢を多くみる。自分が、他の人を汚染しているのではないかと、恐れるからである。

例えば、自分に異臭があると思い込んでいる人。一般に、そう思い込む人は臭くない。全くそういうことを気にしない人が臭いのが現状。

●死——自分の死は、今までの自分が表現していたものの消滅と新しい展開、新しく生まれることを意味する。多くは、ある状況からの解放、自分の中にあった低次元の力の消滅を表す。

身近な人の死は、その人が表していた私たちの課題の発展的解消を示している。また、生前のその方との思い出を、楽しいもの、美しいものとして、コトバで語りかけ、表現する。当然、困った体験は、困ったよ。自分の落度は、ゴメンね。

そして、私たちには、来世がある。今度はこうするからね。期待しててよ。

人を殺してしまったというような異常な体験の夢は、今、現に出遭っている困難な状況に置き換えてみる。

●病気――肉体の排せつ系、大腸、腎臓、皮膚（皮膚呼吸と汗腺）、肺からの排せつに注意する。また、自分が身近な人をどう想い、どう感じ、どう待遇しているかを、詳しくチェックする。

身内の人が、困っていたり、具合の悪い夢をみたら、その人を目的にして、自分を通して働いている、「生命の知恵と慈しみの働き」を、自分の肉体を通して感じる。

「いつも一緒にいるよ」とか、「お役に立っている」という感じを、静かに観じる。そして、そのことを当人たちには、直接「言わない、伝えない」というのが調律法。

この夢は、現実に起きる可能性が高いから、ぜひ覚えておいて、この今、このままで、自分が「生命の知恵と慈しみの、これからの私たちの体験を造る，活き活きした働き」の通り道として、お役に立って行く。また、この今、お役に立っていると観じる。すぐに、「生命の知恵と慈しみ」に、アリガトと、感謝の祈りを捧げる。

現在は、一般に、祈りの力を認知しない傾向にあるが、生命の働きをほめたたえる祈りは、間違いなく、私たちみんなの生命の働きを強化する。

●自分が上昇する――心身の成長、目的に達する、努力などを積重ねる意味がある。一方、下降する夢は、気力、体力の衰え、仕事などが衰退する意味がある。

●墜落する――無意識的にも、意識的にも、悪意が自分にあって、身の回りの人をイジメたり、陥れようとしている。

――イジメに対する対応

ここで、長くなるが、イジメに対する私の対応を申し上げる。

ほとんどの場合、イジメの加害者は、自分が人をイジメテイルとは意識していない。私たちは、人の良いところをしっかりと見て喜び、生命・意識の働きを信頼して、その働きにオマカセする体験を積まねばならない。それを無意識のクセにして生活する。

大切なことは、自分の人生の目的をハッキリさせていることである。

私自身は、「この今、世界中の人々の心身を健康にしている」が、人生の目的なので、四六時中、生命の、この今の働きに同調して、「お役に立っている」という態勢で、一日を過ごす。これが調律という健康法。

私たちが、とんでもないことをする人を、とんでもないと感じ、許せないと思うのは、アタリマエ。そんな時、私は、すぐに、それを受け止めている自分を、「オモシロイね」と感じる。そして、自分の人生の目的に順じて、自分らしい立場に立って考え、自分らしい対応を行動する。これから、自分は、具体的にどういう体験をするのかを選択して、それを宇宙に宣言し、行動する。確実にそうする自分をオモシロがる（存在感）。

この時、自分がすぐには、何も行動できなくても大丈夫。できない自分を完璧に許し、この今も、自分を通して働いている生命・意識にお願いし、オマカセし、アリガトと感謝する。仕事をされるのは、生命・意識のお働き。

常日頃から、眼前の物事に短絡的な反応で対することなく、眼前の物事を目的にして、「この今が、自分を通してお役に立っている」と観じる。または、「ヒロガリそのもの」を、全身で、「どんな感じかな…」と、静かに観じる。それから、必要な対応をする。

この本の初めの方でも説明している例であるが、心臓の具合に、何か悪い所のある方が治療にお見えになったら、まず、医師の診断治療が優先する。病気を治すのは医師なのだ。

私は、リーディングを活用している心身の調律健康屋さん。

そこで、その方の心臓を目的にして、その方の人生が、この今、生命、意識の通り道として、人々のお役に立っていると、ハッキリ感じる。それから、ケイシーの食事、排せつ、体操などの健康法と、ヒマシ油の湿布等を体験していただく。

心臓をナントカシヨウとするのではない。その方も、その方の心臓も、そして、私自身を元気にするのは、「生命・意識の知恵と慈しみの、活き活きした、私たちみんなのこれからの体験を造る働き」なのだ。

当然、その方にも、その方の心臓にも、ダメ、ダメという非難、批判、否定の言葉は使わない。

そこで、今の私たちの目的は、「その方の心臓」と、「私たち」になる。そして、直ぐに、自分自身を「今の働き」の安心、安全、元気イッパイの通り道と、具体的に感じる。すぐに、「アリガトト」と、頚椎と胸椎の間で感謝し、顎を挙げ、胸全体を広げて感動する。

その方にも、この今、お役に立っているという具体的なその方らしい選択をしていただく。さらに、この今、このままで、その選択を具体的に体験しているご当人を目的にして、私たちみんなのお母さんの温かい手の出番。その方も、私も、自分の胸椎の2番がアッタカイナーと、全ての人のお母さんの手の温もりを感じる。

「心臓がよくなりますように」とか、「治りますように」とは言わない。目的を、そのようなコトバで、ハッキリさせると、そのコトバ通りの体験を選択したことになるので、みんなが、その「…ように」を、これからの体験にする。

同様に、私は、自分に、嫌なことをする人を、嫌だと感じたら、その人を、「今までも、そして、これからもずっと、ご一緒に生きて行く大切な人」と想う。これを、ヒロガリを感じるとか、先を見るという。フワーッという感じで、胸椎の1番2番を意識する。

すぐに先を見て、嫌だと感じている自分自身を目的にして、「世界中の人々の心身を健康に調律する良いチャンスが来た」とばかりに、アリガトと、感謝の感じを、頚椎の1番で観じてオモシロガル。

頚椎の7番、胸椎の1番、2番を、暖かいなあと感じながら、ゆらゆらと動かす。「アリガト」が、自分の体を通して、知恵と慈しみが具体的に働いているのを、静かに観じる。「今の働きが、私を通して世界中の人々のお役に立っている…ウレシイ」「感動」。全部で、10秒ぐらい。そしてすぐに、自分の理想と目的をハッキリさせて、必要な行動をする。

こうして、いつも、自分ばかりか、世界中の人々の心身を健康に調律している。

目的の人や出来事を、ナントカしようとはしない。いつでも、目的をハッキリさせ、「生命の、知恵と慈しみの、私たちみんなの、これからの体験を造る、活き活き、活き活きしたお働き」にお願いして、自分の体の動きを感じ、これからの私たちの体験を、その動きの感じの働きに、すっかりオマカセして、アリガト。

そこで、目的は、「この人」、あるいは、「この方の心臓」で十分。

そういうクセをつけてしまうと、もう墜落する夢をみないし、無意識に他人をイジメルこともない。

例えば、隣で工事の音がヤカマシイとき、それに対して攻撃的な想いを抱くことなく、「今に、スバラシイ設備ができて、多くの人々の役に立つ」と想う。もちろん、ほこりや騒音を防ぐために、窓をキチンと閉めるというような対策をとる。工事の音は、戦前、戦中、戦後を生きて、建設の現場で仕事をしてきた私には、騒音ではなく、復興のための「建設の槌音」としか感じられない。

また、自動車がタップリと泥水をハネテ行った。その時も、「乗っている人たちは、きっと、楽しい体験をしに行こうとしているのだ。あんなにイソイソとして」と想う。

このように想ってみると、人のことが気にならないので、心の中を、そよそよと風が流れ、青空が高いという生活をする。すると、人を、心の中でもイジメナクナル。

そして、現に、自分がイジメラレテいると感じた時も、私は、あたかも、そんなことがなかったように、その体験をゴハサンにして、「この今、生命の知恵と慈しみの、私たちみんなのこれからの体験を造る活き活きした働き」が、私を通して働き、世界中の人々の心身を健康に調律している自分を、胸いっぱいに感じて、「アリガト」と言う。慣れれば、ほんの二、三秒で、「ハイ、ハイ、ハイ」と、希望に胸を広がらせながら生きている自分が感じられる。

これが、ケイシーのリーディングを生きている調律人生。

●地下や穴などから這いあがる——今苦しんでいる状態から、脱出するチャンスをつかんだ。このまま積極的に行動しつづけなさいという意味。

●上空のものが降りて来る——よいことがある。能力を得る。

●動物——その動物が表す特徴をとらえる。

●道具——その道具の働き、使い方の特徴に注意する。例えばハサミの場合、切り離すのがその働き。使い方は、形の違う二つが協力して、一対として働く。人間以外の動物は使わないもの。

●肉体が圧迫される——多くの場合、睡眠中に、実際に身体が圧迫されている。人に対して無理強いしている。高圧的な態度をとっている自分と対面している。自分や人を許していない。呼吸、動作が縮こまっていて、ヒロガリを感じていないので、体が硬い。

睡眠中は、身体が冷えないように気をつける。

そして、とても大切なことは、今、自分や、自分を気にしている人、自分が気になる人を目的にして、生命の知恵と慈しみの、私たちみんなの、これからの体験を造る働きのヒロガリを、自分を通して、活き活きと感じる日々を送る。

その活き活き、活き活きの感じが、自分を通して宇宙中に広がって行って、宇宙中が活き活きしている。そのヒロガリ（一体感）を、「どんな感じかな…」と、静かに観じる癖をつけてしまう。これが祝福（存在感・オモシロいね）の体験。

自分を、その「ヒロガリ」の活き活き、活き活きした働きの通り道と、いつも、「今」と一緒に観じながら生活する。
●刺される――人に向って刺すような言葉を言う。刺すような評価をする。無意識に人をいじめている自分の態度に注意する。
私たちは、自分のことは、なかなか気づきにくい。ずけずけものを言う性格の人は、特に注意する。この時、未来に自分がいじめられる体験を選択している。
●ある食物が、夢に出てくる、または食べたい――その食物が持っている栄養素に注意して、それを摂る工夫をする。また、摂ってはいけない食物の場合でも、そのように表れるから、夢全体をチェックする。
●古いもの――もう卒業してしまわなければならないクセ、生活態度、依存心がある。新しい体験、改善、独立、積極性が求められている。
●相手と自分の間に何かがある――一般に、自分と立場や世界が異なっていることを表すには、それと自分との間に、越えられない何かが横たわっている夢をみる。たとえば、恋人が垣根の向う側にいて、こちらの問かけに答えてくれなければ、二人の間には隔たりがあることを表している。また、二人の間に高低の差があれば、二人の人格のレベルの差を表す。
●ドームの中にいる――象徴的に、風雨から守られているという意味。また、自分のこだわり、恐怖心、未熟さの中に閉じこもっている。自分が、完全な自由ではない状態も表す。
●火事――最近の自分の態度、感情が燃えあがっていないか注意するように要求されている。特に嫉妬、怒りの感情は、マトモに対応しきれない火勢を持っているから、状況を分析して、自分の立場をよく理解し、生命の知恵と慈しみの働きを信頼し、その働きに、自分を調律する。あとは、自分の、これからの人生の目的をハッキリさせて、待つだけ。やがて火も消え、よい展開に出会うというのが、生命の法則。

さて、火は人間生活に必要なものである。同じように、嫉妬も、怒りも、人間生活になくてはならない。これらはみんな、小出しにし、上手に表現して、揺ら揺らした炎のゆれ動きを楽しめばよいものなのに、多くの人は、燃えに燃えて楽しまない。恋心も同じ。恋心は悩み、苦しみ、否定するものではない。それは善悪というものでもない。胸にあふれる感動を楽しみ、人生の彩りとするもの。
●行き先のわからない乗物に乗っている――人生、仕事の目的をはっきりさせる。夢の中で、自主性のない自分と対面している。あるいは計画性がない。
●異国の人が訪ねてくる――変わったことが起きる。思いもよらぬ対応をせまられる。
●書いてある字が読めない――自分にその能力がない。問題をハッキリ理解していない。
●冷たい、または暑い――今、肉体が置かれている状態。

●水――これは多くの人の夢に登場する。水は一般に生命、意識、浄化を表す。それが汚れていれば、肉体の排せつ系統をきれいにするように要求している。遠くの青い海などは、あこがれ、希望などを表す。たとえば次のような例がある。

土手の上にブルーの家がある。ブルーの家の中で、ブルーの壁にかこまれた自分がいる。居心地は悪くない。土手の下には自動車がたくさん走っている道路がある。道路越しの遠くに海が見える。

遠くにある海は、あこがれを表している。自動車がたくさん走っている道は活発な社会生活を表し、ブルーの壁の色は憂うつに閉ざされている自分を示している。海と自分の間に越えられない道路があるのは、あこがれと自分の間にある、立場の違い、誤解、へだたりなどを表している。

この人は社会生活をしながら、社会から孤立している自分に気づいている。実は、ある時期に身につけた芸を活かしたいと思いつづけてきた。しかし、越え難い問題があって、今いるところから簡単には抜け出せない。夢は、現在の居心地はよいが、憂うつな感じの生活に閉じこもっている自分を示し、その上で、自分をとりかこむシガラミを越えて行く、あこがれの挑戦を暗示している。勢力にあふれている人の夢。

また、別の人が、自分のいる家にたくさんの階段があり、階段の向いに遠い海を見た。これは、人生あるいは考え方や感情の起伏を登ったり降りたり複雑にしないで、簡単にしなさい、そうすれば希望があるという意味のように感じられる。

●魚——水に住む魚は、生命の活力、肉体の適応力、意識の協調の働きを表現している。

霊的な探求をするグループの中核として、若い男性が働いていた。ある日、夢をみた。大きなヒラメを釣り上げた。ところが、そのヒラメには裏と表しかなかった。この若者は、意識の働きを、頭では理解していたが、それが実際に生きて働くピチピチとした活力とは気づかず、身につけてもいなかった。自分が釣り上げた魚（生命・意識）には、生きた身がついていなかったのだ。

第18章　オシエテクダサイ

――解読のコツ

夢はクイズである――。

この人生は、自分の魂体と協力して行われる貴重な体験で、前世で体験できなかった数々の問題と対決する。

それはまた、その難しさを楽しむように、クイズゲームにもなっていて、現実の生活のあちらこちらに、陽の面のヒントが予兆としてあり、陰の面のヒントも、夢の中に満ちている。それは、ぼやかされ、くずされ、トボケテいて、絶対的なことを教えているわけではない。私たちが、そのとき抱えている問題に対応する無難なヒントのいくつかをソット、しかも、チラリと見せてくれる。そういう夢をみっぱなしにしないで、わかろうとし、考え、わかったことを工夫して、生活の中に役立たせてみる。すると次の夢が、その先を教えてくれる。

なにしろ、夢というヒントの出題者は、自分の魂体なのだから、夢の意味がわからなければ、遠慮なくワカラナイ、モットヤサシクと要求すれば、再びそれに応えてくれる。もっとも、その夢もクイズ形式になっている。その解答を得るには、夢を解くばかりか、現実の生活に現れて来る予兆にも気配りが必要である。

そして、自分の解釈に間違いがあれば、魂体が、夜でも昼でも、それを訂正するヒントを与えてくれて、ゴールに導いてくれる。

そういうことに全く気づかなければ、自分は正しい生き方をしていると思っていながら、大事な、大事な一生を、ぜいたくな無駄にしてしまっているのだ。

念のため、その無駄とは、自分の想いがいつも正しいとする偏見のこと。その想いがある限り、心の中には批判（さげすむ）、非難（いかり）、嫌悪（許さない）、恐怖（心配）、憎しみ、恨みがある。

それらは、最奥の意識から来たのではない。また、魂体から来たわけでもなく、浅いメンタル体や、肉体レベルに属する感情の表現でしかない。

反対に、魂体が喜ぶことは、助けを必要としている人を、やさしくもてなす。しなくてはいけないことを、積極的に行動しつづける忍耐。与えられた場で最善をつくし、それを楽しみながら、辛抱して支えつづける。もちろん、輝く希望そのものを持ちつづける。なぜなら、自分を通して表現されている、自分の意識の最奥に輝く栄光のお働きを信頼しているから…。

そして最終的に、人生は自分の想いを表現するのではなく、自分を通して最奥にある最高の意識の輝きを、自分らしく表現するクセをつければよい。

こう言うと、人は、また、ナントカしてその輝きを表現しようとするが、存在そのものが、その輝きのヒロガリなので、そのヒロガリや、その輝きが、自分を通してお役に立っているという、たったこの今の自分らしい感じを、自分の体で感じて、その感じを、静かに観じるだけ。自分を、その輝きの通り道にする。アレやコレやと考えない。

常日頃の考えの癖からくる、非難、否定、批判、疑いという障害物を、生命・意識の知恵と慈しみの輝きの通り道に置かない。

すると、最高の意識の輝きが、自分を通して光輝く。そこで、「今」の、その輝きの働きを信頼して、感謝し、感動する。それを、「今」というヒロガリと一緒に喜ぶ。

――古い家の夢解釈

定期的に行なわれている講習会に体格のよい若者が出席していた。他の出席者の要望で、夢の話をすることになった。

そこで、私は、夢の中に登場する人や、ものや、情景も、その意味そのままなのではなく、夢をみている人の意識が表す意味をみているという話をした。

例として、自分が育った古くなった家の夢は、もう、その家から巣立ってしまったので、今では、無用のもの、新しい場へ出ていかねばならないことを告げていると語った。

休憩時間になって、その若者が私に、昨夜、その古い家の夢をみたと話し始めた。その夢の話を聞いて、その時、私が夢の話をするようになったのは、この初対面の若者にとっても、この本の読者にとっても、まさに偶然ではないと理解した。

偶然とは、人間がそういうだけで、この宇宙には存在していない。この宇宙の全存在は一つの意識によって創られ、世の中は、そのご意志のままに展開しているからである。

その夢は、連続した三つの部分に分かれていて、その若者を精神的にも実際的にも独立するように促している。

① 自分たちが以前に住んでいた古い家を、隣家の主人が壊している。隣家の主人は、この家を壊して、そこに新しい家を建てようとしているように感じられた。

この若者にとっての古い家とは、自分が脱皮しなくてはならない幼児性のようなもので、隣の家の人は、古いものを壊して新しい家を建てるという、新しい展開の状態を表している自分自身の姿である。一般に、夢の中に出てきて様々な行動をして見せている人は、自分では意識されていない自分自身の姿と思えばよい。

夢の中では、それを他人の姿、態度としてみて、自分のありように気づいて反省するように促されている。

こうして、私たちは、夢の中で、多様な仮面を被った自分自身と対面することになる。権威あるもの、例えば、父親や裁判官などは、自分の高い自我や良心の象徴。夢の中の子供とか、無法なことを演じる人は、自分の低い自我が変装して、夢の場面に登場し、必要な役割を演じてみせている。

この夢は、この若者の高位の自我が、自分の中に現在も残っている幼児性を壊し、大人として、新しい独立した人生を築くことを要求している。

②　場面は少し変って、①と同じ敷地にあるもっと古い家を、父と母と本人の三人で見ている。実際の古い家の屋根はトタン葺きなのに、夢の中のその屋根は、瓦葺きになっている。父がその瓦を取って地面に打ちつけた。

もっと古い家とは、本来、とうの昔に卒業していなくてはいけない親子の関係がまだ残っていて、現在は瓦屋根として補強されている。私には、この若者の母親の子育ての態度が、しっかりした屋根となって、この古い家を保護しているように感じられる。子離れ、親離れが、お互いにできていないのだ。この瓦をとって地面に打ちつけている父親は、自分の高位の自我である。

③　低い位置にいる自分が、上に向って登っている急な階段を見上げている。その到達する上部には、神社の森か、鬱蒼とした木立ちがあることがわかっている。自分が、ここを登っていくのは、さぞきついだろうなと感じた。

上部の森や木立は、自分の目標がハッキリしていないことを、階段は、その人の成長や進歩を示している。でも、若者は、ただ見ていて、行動していない。そして自分の魂体から、つらくても、自分の進歩の階段を登るように要求されているのだ。

この三つの場面を総合してみると、この若者は、一個の人間として、精神的に独立するための行動をおこさなくてはいけない。

そのために、自分は、生命の働きをどう想い、どう感じ、どう表現するかという理想を具体的にハッキリ示し（神社か木立ちがあると知っているが、ハッキリしていない）、そのために、つらくても、必要なことを学ぶ階段を一歩一歩と登ることを強く（古い家を壊す、屋根瓦を打ちつける）要求されている。

――職場での諸問題

ミドルエイジの女性から転職の相談を受けた。医療技術に関する国の資格を持って働いているが、直接に患者と接して、人々の相談に乗れるような職を希望していた。

こういう問題は、夢が、よく教えてくれる。

最近みた夢の話をするように頼むと、みているようだけれど思い出せないし、日常のありふれた夢だと言う。

では、今晩この問題についての夢をみるように潜在意識に頼んで寝てくださいと告げた。

私はリアに、その解答の夢が、お互いの夢に現れるようにオネガイして寝た。

翌朝、リアは、私にこんな夢をみせてくれた。

①　闇の中、スプーンで老女の身体を刺したら、右足に血をつけたまま逃げて行く。そして銀色の垂直のハシゴを昇る。すると、下から、中世ヨーロッパ風の銀色の甲冑を着た若者が追いあがって、老女の足にしがみついて上へ行かせてくれない。甲冑の左肩だけが

赤い。

② 小さな部屋で、その若者を治療している。他に三人の患者が待っている。翌日の夜、この女性から電話が来た。「朝、夢を思い出していたら、電話が鳴ってそれに出たら全部忘れてしまった。そこで再び眠って次の夢をみた。でも、日常のコマゴマした夢で意味がない」と言う。その人の夢は三つに分かれている。

① 現在の仕事場の受付がいない。自分が直接、患者のお相手をする。患者がヘソをまげてしまい、それをなだめるために、お茶を入れようとしている。

② 自分の仕事場で、仕事をすると、大切な器具が壊れている。これじゃ仕事にならないと感じている。

③ コンクリートのくぼみに水溜りがあって、メダカが泳いでいる。エサをつけない針だけの釣糸を垂らすと、白地に赤と黒と黄色の大きな錦鯉が釣れた。

◆解釈

① この職場で、直接患者に接しているが、どうもうまく行かない。あるいは、この自分が診ている患者は、この夢をみた人のモドカシイ感じを表している。お茶でニゴシテ、それをオサメようとしている。

② 自分の仕事場では、仕事はできないと感じている。

③ コンクリートが、心の不毛な様子を示している。そこに、生きたメダカが表している生

命を育む水溜りがある。その中に、エサをつけないで、ということは、下心なく、無心で活路を求めると、思いがけない収穫を手にする。

◆説明

この人の潜在意識は、この夢をハッキリ思い出すように、電話を使って一度目覚めさせて、それから、解答の夢をみせている。

さて、私のみた夢、闇の中、スプーンで老女の身体を刺した部分は、この人に異常な困難、問題があり、私には伏せている（闇の中）。スプーン（口、言葉）で誰かを刺している暗示。

この問題を、そのままにしていて、人間として成長（ハシゴを昇る）しようとしてもうまく行かない。あるいは、この人は今の職場をつづけたくても、足を引っぱられてうまく行かないと考えられる。

アルミのような銀色のハシゴや甲冑は、今従事している仕事場で用いている器具の色。

三、四日して闇の部分を聞くと、職場の責任者（老女）との間に職務についての不幸なやりとりがあって、今月でやめるように勧告されていると話してくれた。

私の夢の②の小部屋の風景は、この人に直接患者を診る治療の道を行くようにすすめている。

①の甲冑の左肩の鮮やかな赤色は、夢を忘れないようにするリアの気配り。

――人は皆それぞれ

多くの人たちは、自分が意識そのものであることを気づかずに意識をやっている。意識の一部分に、心と呼ばれる働きがあって、想うことによって肉体環境と生活環境を創りだし、自分の想いを実現させて、それを体験している。

人は皆、それぞれ違った想いのクセ、偏見、傾向、未熟さを持っているが、どの人も、自分の想いはいつも正しいと、自分中心に考えて生活している。

人に誇れるものを手に入れている人は、それをすばらしいこととして、人に誇れると思っている人。それが、ほんとに誇れるものかどうかは、自分も人も明らかにできない。

自分の弱点を気にしている人は、それを困ったこととして気にする想いを抱いている人。でも、それがほんとに困ったことかどうかは、誰にもわからない。

私たちは、ある人の態度や、うわさ、やり方を見て、自分が勝手に邪推したことを正しいと思い込んでしまう。自分の邪推に悩み、自分の悩みにこだわって、ついその人を批判し、非難し、責め、嫌い、恨み、憎む。そして、いつの日か、自分自身の悩みに直面し、人から、とんでもないと言われる人生を送る。

それを頭ではよく知っていて、それは悪いことと思っている人も、また、自分がそう思っているのは正しいと思うから、自分が、悪いことと思うことは、いつも正しいと思っている。

実は、それらはみんな、ともに浅い自分中心で考える意識が自分を見ている反応である。そして、自分中心に見るクセを持っている限り、人間関係において、やっかいな混乱を招き寄せる。

人はみんな、顔カタチが違っているように、それぞれ違っている。その違いを認めた上で、同じ一つの目的のもとに集まり、お互いに助け合って行くチームワークがスバラシイ。チームを組むとは、立場や考え方が違っているからこそ、ワンマンのときには見られない柔軟性のある働きが生み出される。

家では、親にとって、わかり切っている危なっかしい人間関係へ、子供は嬉々として突入して行く。子供はそれを体験してヤケドを負ってみなければ納得できない。家庭というチームワークは、そういう問題でハラハラ、イライラしながら行なわれている。

それに対して、親が余裕を持って対処し、本気で（心の中でという意味）子供をほめたたえ、長い目で見ているとよい。

例えば、子供がクラスの特定の人が好きになってしまった。たまたま、その日はニガテな体育のテストがある。学校に行くと、その子の眼の前で大恥をかいてしまう恐れがある。

そこで、頭痛を理由にして学校を休もうと考えて、母親に頭痛の薬はないかと聞いた。母親が自分の飲んでいる薬を出したら、学校を休む口実に頭痛を訴えている子供はそんな薬で治るものかと応じてしまう。では、自動車で医者に送って行くから用意するように言われるとどうだろう。子供は母親を嫌い、うとましく思って部屋に閉じこもり、話もしなくなる。

そんな子供の夢。

まだ、サナギになっていない蜂の幼虫が、蜂の巣を外から喰い破って中へ入ろうとしている。頭だけはなんとか入るが、胴体とその下についているたくさんの足は空中でもがくばかり。

同じような問題は、職場というチームワークの場でもおこっている。機械だったら、故障しないように注意し、不都合が発生したら、それに対応すればよいが、人間関係は、ややこしい。

職場で、ある人に新しい仕事の提案をして、それに参加するよう要請した。その人は仲間と協力して何かをするというよりも、自分の意見をたくさん言う人だった。ほんとは、それをやりたくなかっただけなのに、数多くの仰々しい理由をつけて、だから反対と、返事を出した。もちろん、自分もそのように納得している。

ところが、その言葉をマトモに受けた提案者は、様々な対策を練って、その人の仰々しい理由をクリアする新提案をつくり、再び、その人の参加を要請する。すると、やりたくないと考えていたその人は、自分がみんなからヒドク責められたように感じて混乱し、提案してくれた人たちを嫌い、憎んでしまう。自分は、みんなにいじめられていると思いこんでしまったのだ。


さて、次の夢は、これらの騒動を管轄している上司がみた夢である。

小さなお店の女主人が黒いマムシの入ったビデオカセットのケースほどの紙箱を持っている。箱の上には、エサ用の小さな口があって、そこにカナブンを入れる。中のマムシがクネクネと動いて、蓋を押し上げそうになる。今にも出てきそうだ。両手でクネクネ動くものを感じながら、抑えこもうとしている。セロテープを持ってくるように言いたいのに、それが自分の口から出てこない。

ついに、箱がよじれて、尾の方が出てきてしまった。それは青いムカデに変っていた。すぐに踏みつぶして殺してしまう。尻のハサミが黒くて大きい。

これから、みんなで、森中のマムシを殺しに行こうと気勢をあげた。

チームで新しい仕事をするときには、お互いに立場が違い、その意見が違っている方がチームの活力が生まれる。また、お互いがこれからもずっといっしょにやって行けるように、意見は戦わしても、相手の立場を常に認めていくとよい。

ところが、この夢をみた人は、自分と違った意見を主張する人に憎しみの感情を持った。そのことが、何日も頭から離れなくてムカムカしていた。このムカムカのムカデは、踏みつぶせて、これからに向かって、気勢を上げることができたのは、夢をみた効用である。

これは、憎しみの感情を心の箱の中にしまっておいたが、ついにおさえ切れなくなって出てきてしまった夢。しかし、それは、すぐに踏みつぶして大事にはならなかった。

相手の人への憎しみをつぶして、許しに変えたからである。もちろん、憎んでいる相手の人の長所だけを強調し、全身でほめたたえつづけるという積極的な体験もあったのだ。

この人は、翌日も同じ問題についての夢をみた。

巨象がいる小屋で仕事をしているうちに、戸締りをしていない出入口から、大中小の灰色の象が坂道を登って出て行った。悪いことが起きなければよいがと思っていると、坂の上から奇妙な服をつけた三人の人が並んで下りてくる。次に、また三人が手造りの弓矢を持って下りて来て、こちらを狙う。

自分は周りの人に気をつけるように警告を出して、この三人に注意していると、矢が飛んで来て近くに落ちた。矢は、葉っぱまでついている笹竹である。

この夢は、憎しみは巨象という意識の容れ物に入って心の中からすっかり出て行き、奇妙な感じだが、許しを学んだ（高いところから下りて来た三人がこの能力をものにしたことを表している）。

次に、自分の心を騒がす問題（弓矢でねらわれる）が起きても、気を配って、それに注意していれば大事にはならないと告げている。

笹竹はササイなダケの話ではない。一般に、竹は神聖なもの、生命力、気力、急速な成長を表す。

ここで一言。家庭でも、学校でも、職場でも、地域でも、みんなで一緒に生きるとは、同じ目的をハッキリさせて、お互いに、その同じ目的を確認しながら生きること。

——ヘビの夢解釈

夢の中に登場してくる動物の中でも多いものに、ヘビがある。都会生活をする人にはなじみはないが、少し緑の多い所に住んでいれば、犬、猫と同じぐらい身近な生物である。

私は、山で寝泊まりをする癖があって、いつも、ヘビとお話をしていたので、カワイイと感じている。そこで、ヘビたちも、すぐに慣れて、私が近づいてもそのままの体勢で、知らん顔していた。

一般に、潜在意識は、まず、ヘビでビックリさせて、夢を覚えさせようとしている。そこで、夢に出て来たら、その特徴を考えるとよい。

「ヘビが首を傾けている」

これは、地上で生活しているこの人生とは何かと考えている図である。ヘビは物質のエネルギー（波動）や、その知識という活力を表している。

「キレイな模様のあるヘビが空中から降りて来て自分の身体に入った」

夢の中で、何かが空中から降りてくる状態は、良いことが起きる、新しい能力を身につけるという意味がある。

ヘビの表す能力に、医術、知慧、物質的利益をもたらす力などが考えられる。模様のキレイなのは、人々に受け入れられやすいという意味。この夢をみた方は、実際に、治療の能力を発揮するようになった。

他の動物や植物も、それが、私たちにどういう意味を表しているか気をつけて考えると、夢ばかりか、生活の中にも表示されている予兆の気づきをうながす。これは、人生をもっと深めて行く楽しみに満ちた方法である。

――坂道の夢解釈

子育てを、そろそろ卒業するお母さんがみた夢。

坂道を登って行くと右手側の家から柩が出てくる。その上の家からも柩が出てくる。さらに登って行くと、左手の家からも柩が出てくる。

坂道を登って行く夢には、レベルアップしている、年をとる、というように、積み重ねによって上昇する意味がある。この生涯も同様。死は、一つの時代の終りと同時に、新しい場への誕生を表し、ある状況からの解放の意味もある。

夢は、このご婦人に、二人の子供が成長して一人ひとりと手を離れ、やがてご主人も、それほど手がかからなくなり、今や、自分の人生に新しい展開をすることができると伝えている。

一方、坂道を下りて行くのは、体力などが下降して行くという意味がある。

中年を越えた男性が見た夢。どこまでも続く長い下り坂を黒いジープで下りて行く。ブレーキの効きが悪い。なんとかしなければ。左側に、前庭のある白い家があった。そこにジープを入れ、玄関の方へ登るようにしてやっと止まった。

ジープは、力強い肉体を、白い家は病院など治療するところ、あるいは健康法を表す。これが坂道ではなく、平地の走行時にブレーキが効かなくなったなら、自分が自分の肉体をコントロールできない状態を示している。また、道がぬかっていたり、ジャマ物が路上にあれば、困難が多いという意味となる。玄関の方へ登って止めるのは良い体験になるという意味。

このジープの夢は、みた人に、病院へ行って健康診断をするように勧めている。

――苦しみからの脱出行

次の夢は、男女の人間関係で苦しんでいる若い女性の夢である。この夢の中の主役は、インドが、イギリスから独立をかちとろうとしているとき、獄中でハンガー・ストライキをして、イギリスに立ち向ったマハトマ・ガンジー首相である。そのヤセタ姿はよく世間の人々に記憶されている。

ヤセコケた、ガンジー首相が、土の穴から外へ這い出そうとしている。ヤセタ両手で、最後の地面をなんとか捕えようとしている。

私は、この夢をみた女性にたずねた。ガンジー首相は登りきれると感じられましたか？登りきれます、というのが答えだった。この方の夢は、愛に飢えている自分が、不安定な足場を探り、それにすがってなんとか這いあがろうとしているこの人自身の姿である。

自分の想いで頭がいっぱいになっているとき、人は愛に飢える。一方、自分は支えられているという心の底からの信頼の想いで頭がいっぱいになっているとき、人は愛に充たされる。そして、ごく自然に身の周りのものをほめたたえる。

私たちは、日々に時間をつくり、ことあるごとに、心の表面をおおっている想いを押し開けて、奥底にある信頼と希望と愛と栄光を表現するクセをつけなければ身にならない。
そういう毎日を送らない限り、這いあがる人生がオモシロクない。キツイし疲れる。
私の問いに、登り切れますと断言したこの人は、今、チャンスを捕えようとしている。

――健康に関する夢

黄色くにごった小川が、池のようなところに注ぎ込んでいる。大きな犬が、竹カゴのようなものを二つ、首の下にさげて、小川に向って池の中へ頭からスッポリと沈み、しばらくしてあがってくるが、竹カゴいっぱいに食物が入っている。パンのようなもので、小川に溶けこんでいる黄色いものからできていて、この犬自身の食料になる。

これは、糖尿病に注意という夢。血液という小川の血糖値があがっていることを示している。犬が竹カゴを二つぶらさげているのは、食べ過ぎてますよという警告の夢。

森のかたわらに、自分の白い自動車が駐車している。近づくと森の中から、キオツケロ、車の下に毒ヘビがいるぞと声がする。前の席の真中に座って車の下をみると、黒いヘビがトグロを巻いている。

人々は、夢の中では、自分の自動車で、自分の人生や肉体を表す。車の下のヘビはトグロを巻いて、胃や、腸の形をしている。胃腸に気をつけるように促している。

近所の方が、私の家から太いホースを引いて行って、自分のところの便槽の大掃除を始めた。

一般に、トイレに行く、トイレに入っているのは、そのものズバリ排せつを促している夢である。その場が汚れているのは，潜在意識である魂体が、私たちの注意をひいている。

さて、この夢は私がみた夢で、治療においでになった方の腸をキレイにするように促されている具体的な夢。夢をみたときは、その方から、何も聞いていなかった。胃腸の具合が悪いと聞いたのは後日である。

大腸の掃除をするように要求している夢は、とにかく多い。例えば、銃の引き金を引いたが弾が出ない。自動車がぬかるみにはまる。電話が通じない。煙突・トンネル、パイプがつまっている。川に濁流が遡ってくる。体全体が汚れている。皮膚にデキモノができている。

こういう夢をみたら、成人病、慢性症をお持ちの方は特に注意して、肺、大腸、腎臓、皮膚からの排せつを積極的に良くする対応をするとよい。

——「健康法こそが、最高の治療法なのよ」

これはリアの口ぐせ。両目を大きく見開いて、真直ぐこちらを見て、力をこめて言う。実は、健康法とは、腸の働きを活発にしておくことなのだ。

さて、小さいお子さんを育てているお母さんは、赤ちゃんや子供の心身の状態を自分の夢の中でみることができる。そう想って、潜在意識に頼んで、自分がみる夢に注意していると面白い。

そのリアが、私がボツにしてテーブルの下へおろしてしまった夢も載せろと言っているので、ここに記載する。

私がパン屋さんをやっている。毎日、全粒粉のパンをアリガタがって焼いている。多くの人たちが買いに来てくれる。その人たちが、私が焼いたパンを食べている。

すると、パン屋さんが、といっても、自分なのだが、黒板に張ってある大きくて立派な、このパンの説明書をケンメイに指し示している。そこには、このパンを食べるときには、時間をかけて、よく噛んで食べなさいと書いてある。

この夢は、夢そのものが解釈のようなもので、全粒粉のパンは、そのまま自然食品と考えてもよいし、私の場合は、エドガー・ケイシーが薦める腸をきれいにする健康法と考えてもよい。

また当然、この本のことでもある。よく咀嚼することで、脳の働きを活発にし、コトバと夢を活かして、積極的に「お役に立つ人生を生きること」を奨励しているのだ。

リアの言を待つまでもなく、健康とは、日頃の、自分のコトバの癖による想い。それに、肺、大腸、腎臓、汗腺からの排せつ。そして、食物の選択。それに、脊柱のバランスに気を配ることで維持されている。

私たちは、それがそのまま、最高の治療法であることにも気づかねばならない。

また、自分の選択を実現するエネルギーとして働いている潜在意識にも気づくこと。

さらに、よく噛むことは、健康法の中の健康法で，言葉を変えると、元気で長生きの基本は、噛むことなのだ。噛むことは、頭蓋骨の関節を緩め、血流が活発になって、脳に栄養と酸素が供給され、聴覚、視覚、味覚、嗅覚、触覚、運動神経の働きが衰えない。

人生の目的をハッキリさせて噛むことは、魂の接点である脳下垂体、生命の働きの力を供給する松果体、各種ホルモンバランスを一手に引き受けている甲状腺、脳脊髄神経系、自律神経系、それに、ケイシーが言っている第三の神経系、感覚神経系などの協調性に寄与する健康法となる。

笑顔、コトバ、噛むで、耳介の周辺を緩めておくと、顔が老けない。みなさんに「顎体操」と言って勧めている。


夢の解釈は絶対に一つしかないというわけではない。一つの夢の中に、世界の情勢から、生活態度、身体の状態、仕事上の問題に対する解答まで満載されている場合さえある。

私自身、この本の中で夢の解釈をしているとき、ハンザツさを避けるために、別の解釈、またはハッキリした象徴を、ワザト、とりあげなかったり、夢の一部をカットしている。特に夢に、隠されている性的な暗示、他人に対する否定的な感情の暗示の多くは、表に出さないようにした。

第19章　神サマの片想い

——心身の健康体験

自分以外に、自分の想いを変えられる人は誰もいない。そして、自分を知りたければ、毎日、「今」と一緒に、自分のコトバで、何を選択しているかを観察すればよい。

他の人は、それぞれに別の主題を学んでいる。

自分が生命であるという事実に対して議論する人は誰もいない。そこで、自分の生命のコトバの働きについて語る人もいない。

求めるものは必ず与えられる。でも、多くの人は、求めているものを、自分が先に与えなければならない。愛を体験したければ、愛（優しさ、許し、忍耐、辛抱、希望）を、自分を通して、たっぷりとさし上げてしまう。すると、愛が自分にかえってくる。

人は自分が求めたものと、身の周りの人々に示した表現の全てを、自分自身の環境と肉体で体験する。

無我。自分をなくすことは誰にもできない。何かに夢中のときに無我を体験する。そして何よりも、神との一体感の無我には、カルマもひっかかりようがない。ヒッカカル我がないからだ。

人に言われたことで、自分の人生が変動するわけではない。それを、どう受けとめたかで人生が決まる。

肉体の感覚で、ものごとを判断している限り、霊的なものは見えてこない。

想う時には、現実を断呼として無視し、理想をシッカリ見つづける。行動するときには、自分の目的をハッキリ確認し、現実をシッカリ見て、現実に即した行動をとる。

心の中に、理想への絶対の信頼を置き、結果は全部、「今の働き」に、おまかせする。

その結果をステップにし、目的をハッキリさせて、理想の働きを感じながら、目的に向かって、これから積極的に行動する体験をオモシロガル。

こういうことは、理解してからやってみる問題ではない。やってみたら、理解される事実である。

知っていても、それを活用しなければ、ひどい反動がくる。活用して失敗したら、それは、貴重な体験。

圧力を加えて人を変えるのは、神の好まれるやり方ではない。その人が、法則に気づくことによって変わる方を好まれる。

魂体も神も、決して人を非難しない。もし、どこかに、あなたを非難する力があったら、それはとるに足りない。目的をハッキリさせたら、自分を通して働いている神の栄光を「どんな感じかな…」と、静かに観じる体験を積み重ねる。

一人ひとりは、神の祝福の表現体である。自分が表現した通りを、これからの人生で体験する。神の祝福ではなく、自分の思いこみや、とらわれを表現すれば、これから、それを体験しつづける。神の祝福だけが、自分を通して表現されるようになるまで…。

身近な人こそ、自分を通して、神の祝福を表現させていただける最高の対象。

この世に、ナニカヨイコトがあるとしたら、自分らしいナニカを創ってしまうこと。今まで、誰も考えもしなかったナニカをみつけると、人はそれに夢中になってしまう。

人が、自分の思っていることは正しいと信じているとき、事実は別のところにある。事実を観察し、確認しないで、自分の思いこみの方を信じている限り、その人の人生は混乱する。

自己変革とは、自分を神にふり向け、神とともに歩むこと。

いつでも、どんな場合でも、期待するのは神の働きであって、自分の働きを期待するのではない。そこで、オモシロガル、ヒロガリ、オマカセ、感謝、信頼感、許し、ゆるみ、行動が、自分を通って行く具体的な神の働きそのもの。

何事も、のめりこまなければよい。

燕の子は全身を口にして、親が持ってくるエサを求めている。親は、より大きな口の中にエサを入れる。真理を求める人も、大きな口を開いて求めるがよい。

そして、観音経を読みつづければ、これが教えてくれる。祝詞をとなえれば、それが教えてくれる。主の祈りを内分泌腺に合わせて感じると、腺の働きが教えてくれる。

瞑想は、神を求める人々の大きな口である。

片想いの人をこちらに向かせるのは大変だ。でも、神をこちらに向かせるのはカンタン。神は、こちらに片想いしているから……。

人生の重荷とは、自分の心。それを神の栄光だけにしてしまえば肩の荷がオリル。神の栄光は、あなたが過去を見ている限り、見ていても、見えてこない。

いつでも、この今、神の栄光が、自分を通して働いている。この今、「今」が、私を通して、人々のお役に立っていると感じ、「今」と一緒に行動しない限り体験されない。

神の栄光が、自分を通して働いている感じを、静かに観じていると、肩の荷がオリル。

――体のこりはすぐに解ける

誰でも、体のどこかのこりで悩むことはない。こりが感じられても、コリは、すぐに解けるもの。

繰り返すが、体のどこかに、こりや動きにくいところがあったら、まず、「オモシロイね」と、お臍で受け止める。こりを目的にして、こりを緩めるように体を動かす。動きが止まったら、さらに楽な方に、腰椎の4番から骨盤全体を動かす。その動きが止まったら、「今」が、私の全身を通して働いている。その「静けさ」を全身を緩めて聞く。「フワー」。

ここで。胸椎の2番が暖かいなと感じるボッコで一休み。

次にやることは、カッコいいね、あるいは、カワイイ、そして、アリガト。

「カッコいいね」と言うときは、顎を浮かして、胸を前に広げて、両肩で喜ぶ。

「カワイイね」と言うときは、顎を浮かして、背中を丸くして、両肩で喜ぶ。

最後にする「アリガト」は、顎を浮かして、頚椎と胸椎の間を広げて、両肩で喜ぶ。

順序はない。どれか一つだけをやってもよい。

それぞれのコトバをそのまま、「今」と一緒に観じる。全宇宙と一緒に感じる。

横になっていても、立っていても、座っていても、いつでもできる。

もっと簡単な方法は、タッチ調律法。目的をハッキリさせたら、目的の人にでも、自分にでも、また、別の人の体表にでも、指、色、私の書いた『エドガー・ケイシーに学ぶ日々の健康法』という本、CDやDVD、香料、ホッカイロ、ウィッチヘーゼル、ゆるまるクリーム、スムーズなどの出番。人々のお役に立っている言葉等を体に当てるだけ。そして、直ぐにアリガト。タッチは秒単位で調律される体験。

それらのタッチに慣れたら、タッチする現物が、手元になくても、ぐずぐずと考えない。過去のタッチの体験を、そのまま、「今」と一緒の体験にして、関節をユラユラ動かしてオモシロガル。その感じを「どんな感じかな…」と、「今」と一緒に観じたら、すぐに、頚椎を伸ばして感謝する。すると、「今」が、同じようにキチンと働く。

時間と空間は、私たちがコントロールするもの。これは、いつでもやってごらんに入れている。本人さえ希望すれば、電話にでている知らない人にでも大丈夫。効果がある。話は簡単。私たちは、それぞれ、お互いに、時間と空間を超えて、タクサンの体験を記憶している。私は、それを知っているので、私たちみんなの、目的をハッキリさせて、今ここにある、私たちみんなの過去の、魂体の記録（記憶）を活用してさし上げている。当然、もう四十年もやっている講習会では、必ず実演してお見せしている。

リーディングは、私たちが、いよいよ困ったら、「祈りがあるじゃない…」と言う。祈りはコトバである。霊体、魂体、メンタル体、肉体の、それぞれの知恵と慈しみの活き活きした働きが、お互いに連絡を取り合って、調整している信号は、コトバ。

そこで、私は、何かで困ったら、コトバで、目的をハッキリさせて、オネガイと言って、頚椎と胸椎の間にある天と地の間の扉を開き、臍部でオモシロガル。「今」は、一瞬で仕事をしてくれる。そこで、すぐに、アリガトと、頚椎を伸ばして感謝し、臍部と足の指で、オモシロイね。

こうして、全てを「今」にオマカセしたので、両肩を下ろして、もう安心。これを繰り返して、その体験を身に着けてしまえば、この人生は、トテモオモシロイ。

第20章　魂の食べ物　～ケイシー・リーディング抜粋～

――魂は内なる生命の働き

神はすばらしいと理解してほしい。

神が探し求めているのは、私たちの善い行ない、親切、やさしさ、おとなしさ、悲しいときの頬笑み。人に足を踏まれても、心の奥深くに神をみつめて、神をほめたたえる態度。神は、そうする人をほめたたえると約束しているのです。

神の愛がワカラナイのですか。それは人がワカラナクしているのです。神は遠くにいるのではありません。皆さんの心の奥底にいるのです。肉体は、その神がお住まいになる社《やしろ》です。皆さんはその社を健康に保っていますか？　そして、皆さんが心に想い描くものの質によって神をもてなしているのではありませんか？

皆さんが見くだしている人や、恐れている人に対する皆さんの想いそのままで、神をもてなしているのです。

全ての人々のお役に立とうとする人が、抜きん出て偉大な人になります。神を愛して、食べ物に困る人はいません。また、愛の生涯を送った人で、心の奥に調和と平和を見失った人はいないのです。ですから、今日どうしたらよいか分かっていることをしてしまいなさい。そうすれば、明日は、次のステップが与えられます。

神の恵みに至るあなたのやり方は、お金で買えません。皆さんの考えている目的に至る方法も、お金では買えません。これらは、わがままや自制心のない行ないによって達成されるものではないのです。

皆さんが何かをするときに、他の人々が皆さんを利用しているとしても、他の人々を踏台として利用しないでください。私たちの身近な人との関係で、神の愛を間違って用いる人を匡正するのは神であると、よく知っていて耐えなさい。神は、皆さんの内にある生命です。それは考え、活動しています。それは、私たちの内奥に存在し、それが、間違っている人を匡正するのであって、個人という自分の心が、間違っている人を匡正するのではありません。（八一五―一）

――理想を定めることがまず第一歩（解説）

「自分を、神にまかせなさい」と聞くと、自分は何もしないでいいのだ、と、とる人がいます。そうではありません。私たちは、自分の内奥に生きて活動している神の働きのすばらしさを想い、実感し、それを、自分らしく表現する自由があるということです。もちろん、神を表現しないで、利己的な想いを描き、実感し、それを表現してしまう自由も、あわせ持ってもいます。

私たちの表面の心は差別する性質が強く、それが内奥にある全てとの一体感をおおい隠してしまっています。そこで、気づかずに、他の人の弱点を見、それを心に想い、身体で実感して、イライラしたり、ガッカリしたり、自分が落ち込んだりしています。

こうして、私たちを苦しませるその問題の人は、自分の想いが現実化しているのだ、とは、なかなか気づきません。そこで、私たちは、いともやすやすと人を非難し、やがて、その人の中に見た弱点を、今度は、なんと、自分の身につけてしまい、そのために、人から、ケイベツされる体験をするのです。

また、最高の理想の存在として、こうして生きている自分が、自分の人生はこれだ、という目的を決めていないと、人は、肉体のレベルでしか考えられないので、自分の態度はいつも正しいという尺度で、人を計ってしまう傾向を持ちます。自分が正しいと言うことは、自分以外の人は正しくないと言っているのと同じなのです。

さて、私たちは、そのような態度をとっている人を説得して匡《ただ》そうとはしません。人が悪く見えてしまって、自分がその人を非難したくなった時が、実は、自分自身の新生の出発点なのです。人から悪くいわれ、イジメラレ、喰いものにされている状況の中で、ニッコリ笑って、それを「オモシロイね」と受け止め、すぐに、ゴハサンにし、自分をコケにしているその人を、

「今の働き」の目的にします。

まず、「今」として働いている輝きが、自分の肉体を通して、全宇宙に放射されているのを「オモシロイね」と感じて、五の段を上げ、盤上をカラッポにしましょう。

すぐに、その人の良い点を見て、「今の働き」が、その人を通して、多くの人々のお役に立っているのを、全身の細胞の感覚を用いて、「どんな感じかな…」と観じます。「アリガト」。

こうして、神の栄光が、自分の選択と肉体を通って輝き出て行くのを、「どんな感じかな…」と、「今」と一緒に、静かに観じる体験が、自分を神の働きに調律している貴重な体験。

調律する。それは、神のお働きを、全てに感じ、感謝するひとときを過し、一日を送り、年月を重ねる生活を続けて行く体験によって達成されます。

私たちは、神のお手伝いができるようにオネガイし、そう想い、そう実感し、人を親切にもてなしつづけます。耐えつづけ、辛抱します。神はいつも、私たちを通してお働きになっています。私たちは、日々の生活に現れてくる神の問いかけに気づき、そのお働きを上手に表現し、そのお働きを信頼します。そのお働きにオマカセして、すぐに、感謝します。

実際に働かれるのは、神です。私たちの肉体も、メンタル体も、魂体も、神のお働きの通り道です。自分を空っぽにして、お働きの通り道になりきるのです。

これが、いつも、ご一緒している神と一緒にお話しする具体的な体験です。カンタン。

――霊的な癒し

浄化を心がけることは、身体にも、心にも、また霊にも必要なことです。いつも行なってください。それは単に、誰か他の人や、特別な方が、これをすすめるから行なうというものではありません。あなたの主、大師に、これからお会いするからこそ、心と身体の準備をするものです。これから毎日、一定の時間に、よく準備した状態で座ってください。あなたの内なる自己から、神に語りかけなさい。まるで神が、明らかにここにいらっしゃるようにです。

主は、心として、霊として明らかにここにおいでなのです。主は言われました。「そう、私はいつもあなたとともにいます。私は，扉の前でノックしているのです」これは、単に言葉だけではありません。主が、ここにおいでであることを意識の中に、しっかり気づき続けてください。あなたの内なる自己と、あなたの大切な主との出会いの場を保ち続けることによって成り立つのです。（二一五二―九）

――皆さんが知らない食物＝瞑想

肉体の人間に食物が必要なように、霊としての人間にも、心としての人間にも食物が必要です。そして、これが自分を養うことになるのです。

まず、神と一つになる時間をとりなさい。ハッキリとした目的を持った瞑想と祈りをすることなしに一日を過ごしてはいけません。自分のためではなく、自分が誰かほかの人を助ける通路となるような目的です。いいですか、他の人々を助けることこそが、自分を助けるすばらしい方法なのです。（三六二四―一）

心配しなくても大丈夫です。自分より高い存在のために瞑想をしてあげたり、やってみたりするよりも、自分のより高い存在にとって必要なことと考えましょう。

あなたが瞑想をするのは、創造の力＝神と、一つになりたいからです。あなたが瞑想をしないのは、義務と考え、気持ちのよい他のことをしたいからです。しかし、瞑想とは「無限」に自分を合わせることです。（一八六一―一八）

祈りのために一定の時間をとりなさい。瞑想のために一定の時間をとりなさい。祈りと瞑想の違いを知りなさい。簡単にいいますと、祈りは自分の内にある神性と自分の外にもある神性に訴えかけること。瞑想は肉体の中を、心の中を、心の底を静かに保って聞くこと、あなたの創り主のお声を聞くことです。（五三六八―一）

こうして、瞑想は祈りなのです。しかし、内なる自己の意識の深みからの祈りです。これは、肉体レベルの人間の内からの祈りばかりではなく、意識の深みにある人間の霊意識によって生じている魂も参加しています。（二八一―一三）

祈りは、大勢でやっても、一人でやっても、創造主の意識に同調しようとする肉体の意識の一致した努力です。瞑想は、創造の力（複数）をじゃましようとする全ての自己を、からっぽにしつづけることです。（二八一―一三）

まず、はじめに、自分の理想を決めなさい。これが瞑想の理想的なやり方の一つです。純粋な目的と純粋な願いを抱いて、瞑想の中へ入っていきます。理想に用いられるのであって、理想に要求してはいけません。（二四二八―一）

問：究極の望みをかなえるために、自分に強力な行動力を発揮する知識とか力、パワーを自分のものにすることができる内在する聖なる力、または、心霊力を意識的に獲得する真のやり方とか、方法とは何でしょうか。

答：その力は、もちろん、内部に潜在してあります。まず、第一に、自分が達成したいと思うあの目的、あの理想を自分の深みにみつけ出してください。あなたの目的が、主の中で一つとなれるような理想をはっきりさせなさい。

ご自分の身体の中で、ご自分の社殿の中で、神、あなたの主、あなたのマスターは、あなたにお会いすると約束されています。そのことを覚えていてください。

こうして心の内へ向かうとき、魂体とメンタル体から（心の底から）、かのお約束に想いをめぐらしてください。すると主と協調する意識になってきます。この主との絶え間ない交わりによって、あなたの求めるお導きがやってくるでしょう。

そう、きっとやってきます。このようにして、かつて主がご自身を弟子と一体にされたあの

主との日々の交流に学びなさい。主は援助をおしまないでしょう。（二五三三―一）

問：どんな姿勢が、私を最高の瞑想に導いてくれますか。
答：前にも申しました通り、方法とか、形とかは、それぞれの人の経験の違いからくる、それぞれのやり方があります。もし形が指導的な要因になりますと、希望や信仰は形の中に失われてしまいます。

長い祈りをした人と、目をあげさえしないで、自分の胸をたたいて、「神よ、私のような罪人にもお慈悲を……」と言った人の、どちらが正しい祈りをしていると言われましたか。それは自分を謙虚にした人、けんそんした人、全ての自己性を低く評価した人（主の中に個人性をなくすこと）が正しいと言われました。

瞑想はうつぶせであろうが、立っていようが、歩いていようが、寝ていようが――私たちは、主に包まれて生き、主に包まれて死ぬのです。（二六二一―一七）

さあ、よく聞いて、もう少し数多く祈りなさい。月がめぐる間、二十八日間、夜中の二時に祈ることを忘れないでください。起きあがって、東を向いて祈りなさい。あなたはどんなにたくさんの平和と調和が、ご自分の魂を満たすかを知って、びっくりすることでしょう。（三五〇九―一）

問：この人が瞑想をするのに、一番よい極性（この場合は地軸に対する身体の方向性をいう）

はどちらですか。
答：東を向いてするのが確かです。（二〇七二―一二）
問：私が瞑想するとき、一番よい時間はいつですか。
答：全ての人にとって午前二時から三時にかけてが、最適です。
問：他によい時間はありませんか。
答：いつでも、というのは、主はどのようにおっしゃっていますか。「絶え間なく祈りなさい」ですね。これは私たちがどんな立場にいても、感謝を表現しつづけるということです。そしてその結果は全部、主におまかせしておくのです。（四六二―八）
問：瞑想に一番よい時間はいつですか。
答：瞑想に最適の時間は午前二時です。瞑想に心と身体がうちこめるほどによい長さにすればよいでしょう。
　自分に約束したことを守ってください。その約束は、ご自分の内なる我に、あなたの創造主に、ということは、あなたが、身体や心や魂を尽くして愛しているものとのお約束です。（二九八二―三）
問：午前二時がどうして瞑想に最適な時間なのですか。

答：この身体の心、いわゆる肉体の活動のことですが、眠っているときには、この人の肉と心と霊の間にある、あの波動の中にあります。もし、ずっと起きているなら、瞑想によい時間とはいえません。しかし、一度眠って、それから起き、目的を明確にさせて祈ります。瞑想中も同様です。意図をはっきりさせるのです。

悪意を持って祈ってはいけません。祈りを効果的に使うことです。生命は、創造の力である神の表れです。

こうして祈りの中で、瞑想の中で、生命を表すのです。このように祈りなさい。——主は、あなたが必要なものは、全部よく知っておられます。ですから、それを申し述べる必要はありません。

祈りとは、あの愛、自分の内にある希望、理解されていること、神に近づきたいという熱望、感謝、信頼を表現することです。それから、主のお導きにじっと聞き入ること、これです。（一八六一—一九）

——人の欠点を見ないで

いつものことですが、この人は他の人たちに、ものすごく失望しています。

第一に、大切な法則について理解しなさい。法則は永遠に変わることがないものです。それは、まいた種はいつの日か刈り取らねばならないということです。

あなたが他の人々に失望したなら、今日は、ご自分の失望から忍耐を学ぶのです。忍耐は、全ての徳目の中で最も美しいものでありながら、ほとんど理解されていないものです。

かつて、主が地上で生活されたのは、ご自身のためではありませんでした。また、ご自身を権威あるものと理解するためでもなかったのです。当時の人々が、与えられている絶好の機会に感謝しなかったため、手に入れられなかったものを、忍耐でもたらしたのです。

そう、他の人々と接するとき、その人たちによってひきおこされる様々な問題の中で、日々の交際の中で、家庭の中で、仕事の中で、あなたが体験するいろいろな場面で、他の人を批判するとき、忘れてはいけません。その人々の美しいところを強調し、欠点はとるに足りないものとすることです。

いいですか、これが、真実の霊に美の種をまいているということです。そうすると、やがてあなたの生活に、他の人々とのおつきあいの中にも、きれいな花が咲くのです。

おもしろおかしい面をみつけだして、楽しみなさい。あまり深刻になってはいけません。（二四四八―二）

――最高のモノを、いつも、自分を通してさしあげましょう

この人は、真理とは何かについて、きわめていいかげんにしか知っていないと感じています。

真理は永遠に変更されることのない一定不変の法則です。

真理とは何でしょうか。法則です。

法則とは何でしょうか。愛です。

愛とは何でしょうか。神です。

神とは何でしょうか。法則、そして愛です。これは、真理そのものの循環のようなものです。

それはどこにいても、どんなところでも永遠に同じです。

主は言われています。私は、きのうも、今日も永遠に同じで、変わることがありません。（三四七四―二）

エピローグ　～天地創造～

エドガー・ケイシーが私たちに遺した一万四千二五六例のぼう大な量のリーディングは、人間とは何か、どう生きればよいか、病気とその治療法、神とは何か、地球の未来の予見等々、人間の持つ様々な疑問に答えてくれている。

本書では、特に信頼感の働きの調律法と、潜在意識＝魂体からの連絡＝夢を主題にして大勢の方々のお役に立とうとして来た。本書に盛られている考え方は、まさにエドガー・ケイシーのリーディングを基にしている。ここに、そのリーディングが語る天地の始まりから、神の仲間として創られた魂が、自分の想いによって独自の道に出て来たところまでを見てみよう。

この宇宙はナゼあるのか。ほんとは何もなくてもよいのに。それなのに、まさに存在している。ここに自分がいる。それればかりか、この自分を養うために、米は田に競い立ち、サツマ芋は土中に太り、魚は海に泳ぎ、それらを調理する火も原始から用意されていたのだ。ナンノタメニか。

ここに、その物語が語られて行く。

※　　　　※

人は、宇宙の始まりとその境界について知りたがるものだ。そこで、その話からはじめよう。まずはじめに、幽玄なるもの（Spirit 霊）の広がりがあった。それが全空間に充満していた。それは変わることなく、満ち足りて、自分自身を意識していた。自分の思いの中に安んじ、自分のありようをじっとみている偉大な存在であった。

あるとき、それが動いた。自分の中にひきこもってしまい、全空間が空になった。そして空間を満たしていたものがその中心から輝き渡った。それは安んじることなくたぎる心である。これが幽玄なるものの実質（individuality）である。ふと目覚めたら、あるべき自分自身を発見したのだ。これが神である。

神は自分自身を表現したかった。そのために、表現してくれる仲間がほしかった。そこで、自分を投射して宇宙と数多くの魂を創った。

宇宙は人間が音楽、算数、幾何と言っている道具で創られている。これは調和であり、きちんとした組合せであり、バランスのとれたものである。そして創られたものの原資は同じ材料の組合せである。それが神の力である。

人はそれを生命のエッセンスという。人がそれを考えるなら光である。光はその波長の長さや振動率を変えることによって、異なった形、質、動きのパターンを生み出す。これが、その無限の変化をもたらす多様性の法則を生み出した。

人が、ピアノで音楽を奏でるように、神は、この多様性の法則を奏で、一大交響曲にしあげたのである。その音楽は空に始まり、空を残して終るが、その始まりと終りの間に、栄光の美と偉大な体験が連続して行く。

全ては動き、全ては変化する。そして、形と質の様々な状態の中で、その設計がなされた。異種のものは引き合い、同種のものは反発し合う陰陽の法が全ての物の形と行動を司った。

全ては神の一部であり、その思想の表現であった。心は力であり、力は表現を促し、それを持続した。神が想ったことは全て存在となった。存在となったものの全ては心の一つの形、一つの状態であった。

多くの魂が、神の仲間として創られた。神自身と同じパターンによって創られた。それは、幽玄なるものと、心と実質という存在であり、原因、行動、結果という法則の申し子である。

まず幽玄なるものがあり、その中に幽玄なるものをひきこむ行動があった。それからその結果として、神の実質があった。魂をつくり上げているものは幽玄なるものであった。

それは、神と一つであると知っていることであり、心の活動原理であった。それに、神から離れるという心の活動を体験する能力であった。

こうして、神から生じ、神に依存しながら、神から離れた別個のものと感じている新しい実質が存在することになった。この新しい実質にとっては、あたりまえのことであるが、選択の力と、それ自身の行動を導く力が与えられた。

これなしには、魂は神の実質の一部にとどまったままでいたことだろう。

心は神の力の発露であり、他の方向に導かれなければ、自然に神の想いを満たすものである。心の力（force）を方向づけ、駆り立てて行く力（power）が、人の言葉に言われる自由意志であり、この自由意志の記録が魂である。

魂は、自由意志の力（power）で決意した最初のものを、心が本来持っている創り出す力（Force）で表現しはじめた。魂自身が発動した最初の想い、普通の道筋から心の力（Force）を最初に横道へそらしたのが、魂の力の始まりであった。

魂の核心部分はバランスそのものである。陰陽が同等の力をもち、調和のとれた活動をしている。陽は始まり、はらませ、前方に突き進む。陰は受け入れ、はぐくみ、まき散らしていく。この行動の舞踏は、想いの舞台で行なわれる。感知し、熟考し、評価する。

また魂は、意志の二つの状態で成りたっている。幽玄なものの意識、それは神と一つであるとよくわかっている意識。そして新しい実質（格）としての意識、これは自分が経験したことの全てをよくわかっている意識（潜在意識）。

魂のための計画は、時空の制限を受けずに体験をくり返して循環することである。その中で、この新しい実質は、意志の自由な判断のもとに、自分の全ての面での創造の働きを知るようになる。この循環は、自分の意志の欲するところが、神の想いと少しも変わらなくなったときに完成される。このようにして、新しい実質（格）の意識は、自分の奥にある神と一つであるという幽玄な意識と融合する。

そして、その魂がもともとそうありたいと願っていたように、神の仲間としての本源へ帰って行く。この状態で、魂は神の仲間として、神と離れた個としての意識を持ちつづける。そして、今は、神の一部として働いている自分の自由意志を自覚している。

もう、気ままな自分の楽しみにふける心の力を使うことはない。というのは、心の力を律している方向へ行動することに同意しているからである。この状態は、その魂がほんとうに、文字通り神の仲間となってはじめて到達する。

魂は、最高のものとして造られた。それは自由意志を持っている。ひとたび自由意志が与えられると、神は魂を、とやかく制御されることはなかった。魂は自分の思いのままに行動することができたけれど、神の外へ出るわけにはいかなかった。魂は、どんな道を行くとしても、いつかは、神にもどらなければならなかった。

魂は、新しいことを身につけねばならなかった。神によって定められた創造の一つの課程に入り、その一部分となった。意識の三つめの形を持つということである。それは創造に参画し、ある部分を体験する方法なのだ。そして、心の基本的な重要部分に、想いによって生じた体験を翻訳し、それを記録しておく。

人は、この意識の形を、自分の顕在意識という。これは、人が地上のものごとを体験する装置である。その中に肉体、五官、腺、神経系が含まれる。

別の世界では、別の肉体系ではその装置の形は異なったものになっている。このような別の世界、別の肉体系とそれらが表現する御心の形の数については、人間があれこれと思いをめぐらす以外に理解できるものではない。

魂が創造の働きをする部分としての意識を引き受けたとき、自分自身の実質の意識（潜在意識）から、創造の働きをする意識（顕在意識）が一時的に分離した。

そのとき、魂の奥にある幽玄なるものの意識（超意識）からは、ずうっと遠くにへだたってしまった。

このようにして、創造の本流を管理する手助けをし、創造の力に貢献するはずであったのに、いつか、自分の想いが創り出した嵐の中にいて、それに押し流されているのに気がついた。岸辺から遠くへ、行けば行くほど、ますます潮の引きつけに屈してしまい、岸に帰りつくための課題は一層難しくなってしまった。（後略）　※以上（　）内は著者による注釈。


このあとに、現在までつづく魂がたどってきた地上での長い長い歴史が語られて行く。紙面の都合でご紹介することはできないが、ほんの少しつけ足しておきたい。

魂は、無数の宇宙の中に存在し、自らの自由意志で、創造する力である心を使って創造しはじめた。そのうち、ある魂たちは、太陽系に興味を示し、その海や森や花の美しさを感じ、そのうち、その中に入り込んだりした。

時が経ち、地上の動物の中でも類人猿の一種が進化して、魂が、地上を体験する上での良い乗物として適当になってきた。

魂がそれらに影響を与え始めると、それらは木から降りて火をおこし、道具を用い、体毛を失って洗練されてきた。

こうして、地上の肉体に魂を宿した人間が、新しい様々な体験をすることになった。

白色人種は、コーカサス地方とカルパチア山脈、ペルシャに、黄色人種は、ゴビ砂漠と呼ばれる地方に、黒色人種は、スーダンとアフリカの北西部に、赤色人種は、アトランティス大陸（現在は、大西洋と呼ばれる所に、かつて、大陸があって、それは、アトランティスと呼ばれている。人類は、そこに現在とは異なった文明を発達させていた。たとえば、現在と違う推進力で航行する航空機があった。リーディングには、アトランティスに関する記述が多い。約一万年前から始まった地球の変動時に、何回かにわけて徐々に海中に没したといわれている）に、褐色人種はアンディスに現れた。

原因、行動、結果という法則そのものを体験する人間が、地上で、自由意志と、心の創造力を使って生活しはじめると、自分が選択した想いや行為を体験するために、何度も生まれかわる循環の法則に組み込まれた。

リーディングによると、地上で肉体を持って生活している間の想いと行為に従って、死後、太陽系の土星とか金星という惑星に留まる。

やがて過去に地上で溜めこんだ負債を、「生命・意識の私たちみんなのこれからの体験を造る活き活きした働き」によって調律するために、必要な体験ができる両親と肉体環境を選んで、地上に誕生する。そして、その一生の調律体験を潜在意識に蓄積して、生命・意識のお役に立って行く。

人間は、自分が想ったことと、自分が行動したことに出会いつづけている。

そこで、このようにも言うことができる。今このときに、過去も、現在も、未来も全てが、同時に存在している。今が、自分の選択したときであり、最善のときである。この場所が、自分の選択した場であり、最善の場である。問題は、今このとき、この場で、次に向かって、どう想うか、どう行動するかにかかってくる。

今まで通りに、物質的な栄光を想い、行動するのか、それとも、神の栄光を想い、それを行動するのか、二つに一つの決意をするかしかない。

この体験の世界には、人間の自由意志による決意に勝る力はない。

人が神の力を信頼し、その表現体となることを決意したとき、神はその人の戻り道の辻々に、無数の天使や、導き手を用意して待っておられる。

特に、私たちの最奥の意識を支えているのは、神の共同創造者、完全な仲間となられた祖師たちである。仏陀の意識も、キリストの意識も、私たち一人ひとりの意識として、今、活き活きと活動し、輝いておられる。

私たちが、それを求めさえすれば、それに出会うというのが生命（意識）の調律法。

この本の基になっているのはエドガー・ケイシーのリーディングである。そして相変らず、リアは、私に、次のリーディングを皆さんに、お読みいただくように言う。

科学でも、宗教でも、その納得するところは「一つ」である。あなたがする最初の勉強は、六カ月の間この「一つ」。「一つである」ということ。「一つ」について学ばなければならない。神は「一つ」として存在している。人々とのかかわり方は「一つ」である。力は「一つ」である。時間は「一つ」である。あらゆる目的は「一つ」である。私たちの努力の成果は「一つ」である。これは統一（Oneness）であり、完全にまとまったもの（Oneness）であり、皆よく調和し、一致（Oneness）している。（九〇〇―四二九）

人間の心の性質は創り出す力をもっているので、人の心に、ある考えが浮ぶと、思考の世界に一定の状態が形づくられる。物や周囲の状況はそれが反射して現れているのである。（二六六七―二）

次は、「神を求める一つの方法」の中の言葉である。

イメージすることは行なうことである。どちらも、やりようによっては良くもなるし、悪くもなる。それは、何かをしようとするときも、どこかへ行こうとするときも、また、自分や、いっしょにいる一つに結ばれた仲間たちに、幸福をもたらすためにも必要なものである。

自分の身体を思い悩み、心配したりしないで、人からしてほしいと思うとおりを人にしなさい。神は、私たちが必要とするものは全部知っておられる。そして、私たちは、今、自分が立っているここで、自分の意識の中でも、もっと大きく、もっとすばらしい表現をする場合、必要なものは全部ここにあるのだと、しっかり知って行動するべきである。

感謝――。

この本のために、多くの方々から、それぞれに、いろいろな夢を聞かせていただきました。感謝しています。しかし、ごめんなさい。本の中で、お役に立てさせていただいた夢は、ほんの一部です。

あとがきに代えて

こうして、皆さんのお役に立ちたくて、コトバと、夢と、人生について語ってきた。

人々は、エドガー・ケイシー屋さんを六十五年もやっていて、自分の人生の目的そのものが、「この今、世界中の人々の心身を健康に調律している」と断言し、日々に、皆さんのお役に立っている私が、どんな生活をしているのかを聞きたがる。

そこで、終わりに、私が、皆さんを健康に調律している日々の生活を垣間見よう。

――世界中の人々の心身を健康にしている私の生活

・私たち人間の役割。生命・意識の「私たちみんなのこれからの体験を造る働き」を、いつも意識しているために、自分の理想（「今」の働きの通り道）と、目的（「今」が働く対象の人・対象の場所・対象の出来事）を、コトバでハッキリさせて生活する。

・私たちが繰り返し、繰り返しする考えと、決意は、私たちみんなのこれからの体験を造る祈り（コトバ）である。祈りは、自分の目的を、自分の肉体を通して宇宙に宣言すること。そこで、目的をハッキリさせて生活すれば、安心、安全、元気いっぱいに生きて、その目的を体験するので、人生に迷いがない。

・食物の選択。リーディングは、私たちに、体内で消化吸収された時、アルカリと酸の割合が八対二になるような食品を選択して摂ることを勧めている。
・肺、腸、膀胱、皮膚からの排せつを活発にして生活する。
・脊柱の調整（調律体操）。

そこで、「今」の通り道である私の日課はこうなる。

まず「今」。この「今」の中には総てがある。ということは、「今」の中に、喜びがあれば、悲しみもある。ヨカッタがあれば、ガッカリもある。うまく行ったがあれば、うまく行かなかったもある。さあ大変もあれば、大丈夫もある。

で、私は、自分の肉体や、身の回りの出来事がどうであれ、まず、心と体でオモシロガルという選択をする。自分の目的をハッキリ確認し、「今」と一緒に、自分のこれからの対応を決め、まず、「今の働き」に、頚椎で、アリガトと感謝する。

そして、目的をハッキリさせ、顎を浮かして、ヒロガリ（一体感）を観じながら、よしヤッテルゾと、積極的に行動する日々を送る。

朝、目が覚めたら、オモシロイねと、ニッコリ。これで、両耳の周りをユルメル。そして、「世界中の人々の心身の健康」を目的にして、「今の働きの通り道」である自分を、「大宇宙の光のヒロガリ」と観じながら、新鮮な空気を吸い、自分の心身の健康を喜び、その喜びで、世界中の人々の心身を健康に調律する。

「今の働き」に、「アソボーヨ」と声をかけて伸びをする。これは、猫ちゃんや、ワンちゃんたちが私たちに、「アソボーヨ」と伸びをするのと同じ格好。

この伸びは、「期待」という全身の表現なので、目的をハッキリさせたら、いつでも、積極に活用し、すぐに感謝する。

歯磨きは、重曹に、少量の食塩を混ぜたものを指につけて、感謝のマッサージをする。

また、歯がぐらつくなど、歯茎のいろいろな症状には、山椒の粉をお湯に溶かしたものに指を浸し、その指で歯茎をマッサージする。

歯のマッサージは、指に力を入れない。肘の位置を変えないで、全身の関節と顎の方を動かす。当然、腰椎の4番と胸椎の2番から、オモシロイねと、全身で動きながらする。これは、「オモシロイね」に調律する具体的な調律体操。

世界中の人々の心身の健康と、目的をハッキリさせて、肺、腸、腎臓、皮膚からの排せつが、滞りなく行われ、新陳代謝を活発にするために、熱くもぬるくもないお湯を飲む。「今（ヒロガリ）」に、「アリガト」と感謝し、適量を飲む。

水分は、朝ばかりか、食前、食後、就寝の前後、入浴の前後、日中も、目的をハッキリさせて、こまめに、温かい水分を「アリガト」と摂る。頚椎をのばして、その伸びを感じながら、「アリガト」が、調律のコツ。

朝、起きたらすぐに、全身の緩みを観じながら、まず、両足の指をやさしく両手で緩める。全身で喜びながら、緩みって「どんな感じかな…」と、「今」と一緒に観じる目的をハッキリさせて、「緩みを観じる」とは、決して、目的を、ナントカシテ緩める体験ではない。

「両足の指」と、目的をハッキリさせたら、両手の指で、両足の指をつまみながら、自分の肉体を「今」と一緒に、「緩みって、どんな感じかな…」と、ゆるゆると動かして、全身の緩みを「今の働き」と一緒に観じる体験。

私は、後頭部と両肘、臍部の位置を変えないで、「今」のヒロガリを蝶形骨で観じながら、「今の働きの通り道…」と、頚椎と胸椎の間に緩みを感じながら、両肩を小さく「ハイ、ハイ、ハイ」と動かしている。

この時、とても大事なこと。私は、両肩を動かしているように、骨盤と、頚椎、胸椎、腰椎を動かす。左右の肩を前後、左右、上下に動かしているように、頚椎、胸椎、腰椎、仙骨、それに尾椎までを動かして、頚椎1番の緩み（感謝）を「どんな感じかな…」と、「今」と一緒に観じながら、笑顔で「今」に感謝している。

最近は、同じようにして、蝶形骨や、顎関節も前後、左右、上下に動かし、その動きで全身を緩めている。おかげで、私の顔面の関節は、柔らかい。

左右の肘と両肩は、緩めておくが、意識しては動かさない。同様に、蝶形骨と後頭骨と臍部の位置も、緩めておくが動かさない。顎関節と脊柱は、前後、左右、上下に動かしている。

こうして、「世界中の人々の心身の健康」と、目的をハッキリさせて、力を入れない動き（緩み）を「どんな感じかな…」と、「今」と一緒に、静かに観じながら、自分と、今日一日を調律する。

自分のメンタル体というヒロビロとした喜びとヒロガリの通り道に、余計な考えを駐車させないのが、「今の働き」と一緒に観じる調律法。

目的をハッキリさせて、尾椎を緩めて、腰椎の4番と、胸椎の2番から動き始める「ゆらぎ方」という、力を入れない体操をする。

慣れると、日常の動作が全部、この力を入れない動き（ゆらぎ方）になる。

調律法も、お役に立っているも、許しも、ゆらぎ方も、健康も、目的をハッキリさせたら、体を伸ばして広げるように緩め、その緩みで、全身がユラユラと動くのを「今」と一緒に静かに観じる「信頼感」。

目的をハッキリさせて、「今の働き」に感謝しながら柑橘類だけの朝食をとる。ミカンが手に入らない季節は、信頼できる天然のミカンジュースを飲む。

リーディングは、一日おきに、朝、ミカンだけを食べるという健康法を勧めている。

目的をハッキリさせて、無水のエタノールに、天然の松葉のエッセンスと、天然のユーカリのエッセンスを溶かしたものを、鼻腔から吸入する。

片方の鼻腔を指で塞いで、反対側の鼻腔から吸い、次に、指を変えて、吸った方の鼻腔から吐くのを三回。

同様に、別の鼻腔から吸って、指を変えて反対の鼻腔から吐くのを三回する。

これを一回と数えて、日に十回以上吸入する。

私はこれを、世界中の人々の心身を健康にするための森林浴と言う。エタノールが、「左右の鼻腔から、気管、気管支、肺胞までの組織の表面を殺菌してくれる。これは、日々の快適なヒロガリに調律する健康法」。

肺でヒロガリを観じながら吸入するのに慣れたら、次回は、頭蓋腔あるいは、蝶形骨を広げて、頭の中にヒロガリを観じながら吸入し、吸った方の鼻腔を指でふさいで、反対の鼻腔から吐く。さらに、次回には、腹腔を広げて、腹腔でヒロガリを観じながら吸入する。またその次の時には、骨盤を広げて、骨盤でヒロガリを観じながら吸入する。こうして、日に十回以上でも、スムーズに体験できて苦にならない。要するに、家にいながらの森林浴で、心身の健康がスムーズに体験できる。そこで、これを「スムーズの吸入」と言う。

一方、肺の働きが弱くて、呼吸がしづらい方たちは、広口のジャムの空き瓶かなにかに、備長炭（硬い炭）を、手で、二センチぐらいに折って、瓶にイッパイ入れ、大匙二〜三杯ぐらいのアップルブランデーを注ぎ、瓶の口を両手で覆い、両手の親指と人差し指の間を開けた穴に口をつけて、できるだけ濃いブランデーの香気を、ヒロガリを観じながら吸うという方法もあって、呼吸がしやすくなるように、肺の働きを活性化する。

皆さんに、これらの吸入法をお教えすると、どなたも、瓶を胸に抱え込んで、うつむいて吸う。

大事なことは、目的をハッキリさせて、ヒロガリを、体で感じながら吸入する場合。吸う時も、吐くときも、顎を挙げて、時空のヒロガリを観じながら、胸を、希望の喜びでふくらませ、蝶形骨と頭蓋腔で悠々と吸入する。

「今」に、目的をハッキリさせて、「ねえ、アソボーヨ」と言っている感じ。

人生も同じ。いつも、顎を浮かして、先を見て、「今」の働きを観じながら笑顔で行動する。

私は、ケイシー屋さん。食事の時も、咀嚼するときも、体操をする時も、吸入の時も、「今」と一緒に、世界中の人々の心身を健康に調律していると、目的をハッキリさせて、時空を超えたヒロガリを、蝶形骨のヒロガリと観じながら、顎を浮かして「アソボーヨ」と生きている。

大切なのは、目的をハッキリさせたら、その目的は「今の働き」にお任せして、目的を、どうのこうのと考えない。「自分のこの今」を、「どんな感じかな…」と、「今」と一緒に、静かに観じながら行動する体験が「調律」。目的は、「今の働き」を信頼してオマカセし、感謝する。


治療の講習会などでは、目的をハッキリさせるために、メモの一番上に、「世界中の人々の心身の健康」と書く。その下に、「安心、安全、元気イッパイ」と書いて、どこにでもよいので、目的の方たちの名前を書く。身近な方々の場合は、きちんとした名前でなく、お父さん、お母さん、お兄ちゃん、お姉ちゃんと書いても大丈夫。「今」に通じる。

また、目的が、猫ちゃんだったらミイ、ワンちゃんだったらクロと、我が家で面倒を見ている猫ちゃんや、ワンちゃんの、いつもの呼び名を書く。

その紙を、『エドガー・ケイシーに学ぶ日々の健康法』という本と本の間に挟んで吸入をする。

この紙は、何回も使えるので、本と本との間に、そのまま挟んでおき、吸入するたびに、紙に書いたコトバを読んでから吸入し、感謝する。

本が一冊しかなければ、書いた紙を本の表紙の上に置いておいてもよいが、他の人に読まれたり、どこかに行ってしまったりすると、気が散る。

また、本のどこかのページに挟むと、そのページに書いてある言葉の影響を受ける。


毎日、目的をハッキリさせて、外気の中を、全身の動きを観じながら、歩いたり走ったりする。私の場合は、「今」と一緒に、足の裏で、地球の動きを、「どんな感じかな…」と「今」と一緒に自分の肉体を通して観じながら、歩いたり、走ったりしている。その間に、昼に食べる野草を採る。

今日、私たちが食べたら健康に良い草がどれかは、「今」に聞くと、「今」が、私たちの肉体を通して、すぐに教えてくれる。

草食動物は、そのように、自分の肉体に聞きながら生活している。

私も草食動物として生きているので、いつも、意識に聞きながら野草を摘む。

昼食に、小さいニンジン一本と、アーモンド二個を摺りおろして、千切りにした緑黄色野菜や野草と一緒に混ぜ、マヨネーズとウスターソースで味付けする。それに、小さじ一パイぐらいのゼラチンを、少量の水で溶かしておいたものに、温かいスープなどを注いだものと一緒にいただく。

リーディングは、人参は、葉っぱに近い上の方を食べると、腎臓と眼の間の視覚反応を元気づけると言っている。そこで、私は、いつも、葉っぱに近いところが太いニンジンを食べている。

夕食には、緑黄色野菜を蒸した温野菜を、ゼラチンを溶かしたスープと一緒に食べる。


子供の頃、友達の家に遊びに行って、古くて、なかなか開かない玄関の戸をガタビシと開けると、まず、大きな顔、大きな目で、私を見降ろすのは、玄関の脇に居を定めていた牛だった。

そして、馬は、荷車を引いて、今のトラックのように道路を行き来していたので、路上に、牛や馬の糞が落ちているのは当たり前。

言いたいのはこれ。草食動物とは、便と尿の量の多い動物のこと。また排便も、排尿も、長い時間我慢しないで、せっせとする。で、私は、その草食動物なので、大きい方も、小さい方も、頻繁に出る。そこで、健康のために、せっせ、せっせとトイレに行く。

こうして、肺・大腸と、腎臓・膀胱を活発に働かせて生活するのが、私の日々の調律健康法。


リーディングは、当時の人々に、数多くの下剤を提唱している。そして、今週は植物性の下剤、来週は鉱物性の下剤というように変えるように言っている。

私自身は、オモシロガッテ、意識に、お通じがよくなる野草や野菜は、どれと、どれかと聞いて、それを摘んできたり、買ってきて食べている。

また、その日、その日の腸の働きは、野菜のモロヘイヤの粉末の量で調整している。

同じように、オモシロガッテ、例えば、自分が癌にならない植物はどれと、どれかと、目的をハッキリさせて、意識に聞き、その草や木の葉を摘んできて食べる。

ケイシー屋さんの私は、日に八〇％のアルカリ性の食物を確保するために、酸性に働く食材には十分に気を配っていて、適量しか食べない。

ここでは、簡単に、私が食べない酸性の食材を列挙する。

精白された穀物や白い砂糖。それに、高温にした油脂は非常に強い酸性食品なので、注意して食べない。また、食事の前後二時間ほどは、柑橘類を食べない。

私は、日本で初めて、ヒマシ油の湿布を勧めた張本人なので、ヒマシ油の湿布後、肌についている酸性のヒマシ油を拭き取るのに、重曹に溶かしたお湯に、脱脂綿を浸して軽く絞って使っている。重曹は、酸性の油脂類の汚れをとる働きがある。

ヒマシ油は、お肌の健康に、驚くほど効果がある。必要に応じて、マッサージなどで皮膚につけたヒマシ油も、重曹を溶かしたお湯に浸した脱脂綿を絞って、それで拭き取る。

さて、アルコールは、殺菌作用があるが、重曹は、菌が住めないようにする働きがある。

そこで、吸入には、アルコールを使うが、食物の一部として、重曹をこまめに食べたり、飲んだりするのも、アルカリ健康法の一つ。

ご存じの通り、重曹は、ご家庭で簡単に作るパンや、クッキーの膨らし粉で、最近は、お掃除にも、よく使われている。

私の食べられないものに、塩辛いもの、香辛料のきついもの、じわっと固いもの、それに、酸っぱいものがある。

じわっと固い焼いためざしなどは、園芸用のハサミで、小さく刻んで食べている。

また、酸っぱい果物などを食べる時には、お皿に入れた重曹の粉をつけながら、ゆっくり味わって食べる。

重曹は、時間をかけて、ゆっくり食べるのが、健康法。また、日に、何回にも分けて食べるもの。肉体に酸性過剰の反応があれば、お湯に溶かして飲むのも勧められている。

私の治療院は、重曹の溶液がいっぱい貯まるので、それを手洗いばかりか、鍋や、流しの洗剤としても使っている。

特に、ケイシーらしい、風邪をひかないオモシロイ方法がある。私たち人間は、炭素鋼という鉄鋼のペンダントを、朝も、昼も、夜も、左右どちらかの鼠径部のあたりにつり下げて生活すると、イオンの働きで、風邪をひかない。

私は、ズボンのキーホールダーにつけて外出する。また、いつも、上着の下のポケットに入れて生活している。夜は、ひもで下げて寝ている。すると、オモシロイことに風邪はひかない。

また、人々が、アメリカ大陸に暮らすようになってから、長い年月の間、生命の働きに調律する健康法として、その土地の植物を使ってきた。その膨大な記憶・記録が、私たちの意識の中にもあるので利用する。

ウィッチヘーゼル（マンサクの葉や樹皮の成分を水で抽出したもの）。これが皮膚とか関節の働きを、生命の働きに調律する。我が家では手放せない万能アストリンゼント。

例えば、家族の何方《どなた》かの肩こりなどと、目的をハッキリさせて、家族の誰かが、自分の前頭骨の生え際から五センチほど上に、耳かきで一杯ほどの量のウィッチヘーゼルをつけると、目的の方のコリがとれる。目的さえハッキリさせると、地球の裏側にお住まいの方にも効く。

また、長い年月の間、お会いしたことのない、すぐに落ち込んでしまう方々を目的にしても同じ。さらに、ワンちゃんや猫ちゃんにも活用している。

私たちの人体の生きる働きは、尾椎の先端と前頭骨の上部を、常に上下している。そこで、目的をハッキリさせて、そこに、『日々の健康法』とか、「ウィッチヘーゼル」とか、「スムーズ」や「灰色の紙」等を当てると、「今」が働いて、目的の、遠くにお住まいの人々でも、元気を体験する。

ウィッチヘーゼルと同様に、スムーズもタッチ健康法の常連で、ほんの香りをつけるほどの量のタッチで、見事に、世界中の人々を元気にする。

子供の発熱時には、「元気イッパイ」と目的をハッキリさせて、背中に、「今」と一緒にオイルマッサージをする。そのあとは、脱脂綿に湿らせたエタノールでふき取る。

また、重篤な病気の回復時。リーディングは、まず、野菜ジュースの類や、ミカンのジュースなどを、少しずつ飲み始めて、体力を回復するように勧める。

また、体力を回復するために、脂肪や筋のない牛肉を一インチ角に切って、湯煎にし、その肉汁だけを、一日に、二回から五回。小匙イッパイを、五分ほど時間をかけて、舐めるように摂るとよいと言って、ビーフジュースという飲み物を勧めた。

小さじ一杯でも、一日に、五百グラムから一キログラムの肉を食べたほどの活力を体験するという。

これを作ってみると、味も匂いも、鰹だしである。

そういえば、私の母方の祖父は、農業をやっていたが、日本画家だった。

幼いころ、病気がちだった私が、良くなってきた気配を感じると、真っ先に重湯を作って食べさせてくれた。

これは、祖父が、屏風や襖絵を木枠に貼り付ける糊なので、とても食べられる代物ではない。ところが、鰹だしを加えると美味しい。私は、その鰹だしの活力で元気に育った。いってみれば、鰹ジュースである。

また、私のような昔人間にとって、風邪をひいたり、おなかをこわしたときに、長葱を剥いて、そのべたべたした面を、喉や、胸部、腹部の皮膚面に湿布して治すのは、ごくごく当たり前の習慣だった。これも、目的をハッキリさせて活用すると、世界中の人々の心身を活発にする間違いのない調律法。

リーディングは、玉ねぎを刻んで、あるいは、摺りおろしてと言っている。

さらに、子供の頃は、どっさりの食塩を温めて、お臍の上などに温シップをするのも、ごく当たり前の調律法であり、健康法だった。リーディングも、それを勧める。

先祖代々、我が家では石を温めて体につけて養生していた。今で言うとホッカイロ。そこで、それを受け継いでいる私は、目的をハッキリさせて、ホッカイロで、アッタカイナーと感じる健康法を、皆さんに勧める「今」の調律屋さん。

私は、世界中の人々の心身を健康にしていると、目的をハッキリさせて、就寝前に、「今」と一緒に、お風呂に入る。

お風呂は、お湯による、全身へのタッチ健康法。

お風呂では、シャワーを使っての、温冷シャワーとか、お湯のなかでの「尾椎からのユラギ方（体操）」、全身を動かす祈り（コトバ）、口腔、鼻腔の洗浄など、とても忙しい。

お風呂から上ったら、目的をハッキリさせて、温かい天然のリンゴジュースと、カルシウムイッパイの飲むヨーグルトのミックスしたものを、コップに二杯、ユックリと飲む。リンゴは、繊維質が多いので、寝ている間に、腸を掃除してくれ、ヨーグルトは、良質のカルシウムを供給し、腸で働いている様々な菌のバランスもとってくれる。

続いて、マッサージ用のクリーム「どんな感じかな…」で、全身を「どんな感じかな…」と、「今」と一緒に観じながら、全身の関節をユラユラ動かしての笑顔のマッサージで、世界中の人々の心身を健康に調律する。

「世界中の人々の心身の健康」を目的にして、「どんな感じかな…」と、「今」と一緒に観じるのは、見事な調律健康法。ところが、皆さんが、それをなかなかやらない。そこで、世界中の人々の心身の健康を目的にして全身をマッサージするクリームを造ってもらって、私が、「マッサージ用クリーム・どんな感じかな…」と、願いを込めて命名した。

こうして、目的をハッキリさせ、「今」を信頼し、感謝し、「今」と一緒に「遊ぼうよ」と、日々の、自分のこだわりやコリを、仙尾関節ユラユラ、意識して蝶形骨で呼吸し、世界中の人々を調律してしまうオモシロイ（存在感）調律の一日が終わる。

そして、夜の眠りに入ると、夢をみる。

私が、皆さんの夢を自分の仕事としてみるのではなく、私自身の夜の夢は、いつか来た道、知らない道。坂道の上り下りと、道を歩く夢ばかり。

リアに聞くと、優しく、そして、キッパリと、「修行道（ヤッテミテ）」と答える。

そう言えば、仏陀も、キリストイエスも、命令形で、「行（ヤンナサイ）」というコトバを最優先し、積極的に使って、「行動すること」を、「行（ヤンナサイ）」と強調し、「行（ヤンナサイ）」と、命令形で、力強く、私たちを調律している。

まずは、やってみて。その結果を、世界中の人々に述べ伝えるのが「行」。それが「調律」。

〈著者略歴〉

福田　高規（ふくだ　たかのり）

1934（昭和９）年、高知県生まれ。1960（昭和35）年頃から十菱麟氏のグループと交流し、エドガー・ケイシー関連の出版活動を行う。その後独立し、国際鍼灸理療専門学校にて治療法を学ぶ。
現在は、「エドガー・ケイシーを暮らしに活かす会」代表として、ケイシー・リーディングを実生活と治療に活かす活動を実践している。その実践の成果として、87歳になった今も、重さ20キロのリュックを背負って電車通勤し、冬にはスキーを楽しむ日々を送っている。目標は、100歳でもスキーを楽しむこと。
著書：『エドガー・ケイシーの人生を変える健康法』『エドガー・ケイシーの人類を救う治療法』『エドガー・ケイシーに学ぶ日々の健康法』（すべてたま出版刊）ほか、多数。

エドガー・ケイシーの「調律」健康法

2021年３月25日　初版第１刷発行

著　者　福田 高規
発行者　韮澤 潤一郎
発行所　株式会社 たま出版
〒160-0004　東京都新宿区四谷4－28－20
☎03-5369-3051（代表）
http://tamabook.com
振替　00130-5-94804

組　版　一企画
印刷所　株式会社エーヴィスシステムズ

ISBN978-4-8127-0435-6 C0011